Erich Ludendorff
Tannenberg

SEVERUS Verlag

Ludendorff, Erich: Tannenberg. 2015

Neuauflage der Ausgabe von 1939
ISBN: 978-3-95801-158-8

Umschlaggestaltung: SEVERUS Verlag

Bibliografische Information der Deutschen Nationalbibliothek: Die Deutsche Nationalbibliothek verzeichnet diese Publikation in der Deutschen Nationalbibliografie; detaillierte bibliografische Daten sind im Internet über https://dnb.de abrufbar.

Der SEVERUS Verlag ist ein Imprint der Bedey & Thoms Media GmbH,
Hermannstal 119k, 22119 Hamburg

SEVERUS Verlag, 2015
http://www.severus-verlag.de
Gedruckt in Deutschland
Der SEVERUS Verlag übernimmt keine juristische Verantwortung oder irgendeine Haftung
für evtl. fehlerhafte Angaben und deren Folgen.

Erich Ludendorff

Tannenberg

SEVERUS

Die Bedeutung der Schlacht

Nicht jede Schlacht ist ein Markstein im Kriege und wahrhaft geschichtegestaltend. Die Schlacht von Tannenberg ist es indes. Die Bedeutung ragt weit in die Zukunft des Deutschen Volkes hinein, wie weit, kann es allein entscheiden.

Als ich am 22.8.1914 abends im Großen Hauptquartier in Koblenz, wohin ich durch die Worte des Generals v. Moltke: „Vielleicht retten Sie im Osten noch die Lage" gerufen wurde, die ersten grundlegenden Weisungen durch den Mund desselben nach dem Osten für die Schlacht gab, die auch weiter nach meinem Willen geführt und nach meinem Vorschlage die Schlacht von Tannenberg genannt wurde, da konnte ich selbst die weltgeschichtliche Bedeutung derselben noch nicht übersehen.

Ich schlug die Schlacht in dem Gedanken, Ostpreußen zu retten. Damals glaubte ich noch an einen nachhaltigen Widerstand der uns verbündeten österreichisch-ungarischen Armee in Galizien und hielt die erfolgreiche Weiterführung des Vormarsches im Westen für gesichert. Ihm hatte ich durch die Einnahme von Lüttich freie Bahn gegeben. Ich rettete auch Ostpreußen durch die Vernichtungsschlacht bei Tannenberg über die Armee Samsonows, der über die Südgrenze der Provinz vormarschiert war, und durch die sich anschließende Schlacht an den Masurischen Seen gegen die Armee Rennenkampfs, der von Osten her vordrang und den Angriff der Armee im Osten in der Schlacht von Gumbinnen am 20.8. abgeschlagen hatte.

Sehr bald erweiterte sich die strategische Bedeutung der Schlacht von Tannenberg. Es wurden die österreichisch-ungarischen Kräfte in Galizien von den überlegenen russischen Heeren geschlagen. Freimaurerverrat in der Truppe machte sich schon damals fühlbar. Die in Ostpreußen siegreichen Truppen waren nun für weitere Aufgaben und Unterstützung des österreichisch-ungarischen Heeres frei.

Es scheiterte aber auch der Vormarsch im Westen, der okkulte General v. Moltke nahm das Heer aus siegreicher Schlacht zurück, das „Marne-Drama" fand am 9.9. statt. Nun waren keine Truppen im Westen verfügbar, um mit der Eisenbahn nach dem Osten gefahren zu werden, um hier die Russen zu schlagen. Nach den ursprünglichen kriegerischen Absichten der Deutschen Obersten Heeresleitung sollten nach dem entscheidenden Siege im Westen Truppen nach dem Osten geworfen werden, um nun auch den Russen entscheidend zu treffen, der bis dahin nur „aufgehalten" werden sollte. Mit Mühe wehrte jetzt das Westheer die gegnerischen Angriffe ab. wesentlich auf eigene Kräfte gestellt, galt es nun im Osten durch kühne Beweglichkeit die russische Überlegenheit zum Einstellen des Vormarsches zu veranlassen, wenn Höheres nicht zu erreichen war. Immer größer war die Aufgabe geworden, die ich zufolge der Gestaltung der Kriegslage nach dem Siege von Tannenberg im Osten zu erfüllen hatte. Ich löste die Aufgabe im Osten durch kühne Feldzüge mit starker Unterlegenheit gegen an Zahl überlegene Massen.

Das österreichisch-ungarische Heer wurde entlastet, Österreich-Ungarn im wesentlichen vor feindlichem Einfall gerettet und der Russe gezwungen, den Vormarsch einzustellen. Seine Vernichtung zu erreichen, war nicht möglich gewesen. Wie im Westen kam es nun auch im Osten im wesentlichen jenseits unserer Grenzen zum Stellungkrieg. Die unmittelbare strategische Bedeutung der Schlacht von Tannenberg ist damit gekennzeichnet. Ja, sie war groß und ausschlaggebend. Wäre bei Tannenberg nicht gesiegt worden und nicht so vollendet, wie dies der Fall war, dann wären die russischen Armeen in Ostpreußen und Galizien und später aus Polen weiter nach Westen marschiert und hätten die Deutschen und österreichisch-ungarischen Truppen zurückgedrängt. Das Westheer hätte sich schwächen müssen, was gleichbedeutend mit dem Zurückgehen desselben hinter die Grenzen und hinter den Rhein gewesen wäre. Deutschland wäre Kriegsschauplatz geworden. Der Feind hätte seine Absichten erreicht: das Deutsche und das österreichisch-ungarische Heer mitten in Deutschland und in Böhmen einzuschließen und zu vernichten. Die planmäßige Einkreisungpolitik der überstaatlichen Mächte vor dem Weltkriege hätte zur Einkreisung der Heere auf dem Schlachtfelde in Deutschland und zur Zermalmung des Deutschen Volkes geführt. Auf dieser durch die Schlacht

4

von Tannenberg gezeitigten strategischen Grundlage wurden nun der vierjährige Widerstand des Deutschen Heeres weit in Feindesland und die Rettung des Deutschen Volkes möglich. Es verhungerte nicht trotz völkerrechtswidriger Blockade und Abschnürung. Die besetzten Feindgebiete steuerten zur Volksernährung bei. Dieser vierjährige Widerstand ließ dem Volke Zeit zum Nachsinnen über die Todesgefahr, in der wir standen, zum Entfalten seelischer Kräfte, die das Erwachen der Deutschen Volksseele, das die Worte „Drohende Kriegsgefahr" und „Mobilmachung" in den Augusttagen 1914 in dem Bewußtsein von Millionen von Deutschen bewirkt hatten, zu einem nachhaltigen machten. Es ist etwas Großes um dieses Erwachen der Volksseele, das nun wiederum das Erwachen des Rasseerbgutes bedeutet. Dieses führte dann zum Erkennen der Todesnot unseres Gotterlebens und ließ das Gottahnen unseres Rasseerbgutes durch meine Frau zu Deutschem Gotterkennen werden. Die Grundlage Deutschen Volkslebens in weite Zukunft hinein war gewonnen. Aus der strategischen Bedeutung der Schlacht, die wahrlich groß genug ist, ergibt sich die weltgeschichtliche, sofern das Deutsche Volk sich auf sich selbst besinnt und geschichtlich denken lernt. Es ist mein Stolz, daß mein Name mit solchem Tannenberg gleichbedeutend ist.

Pflicht zum Schreiben

Ich war von Freunden gebeten, zu dem bevorstehenden Gedenktage der Schlacht von Tannenberg eine Abhandlung über die Schlacht selbst zu schreiben, der ich so große Bedeutung ja auch schon in früheren Darstellungen zugesprochen, und deren Namen ich seinerzeit für einen Bund gewählt hatte, der Deutscher Volksschöpfung dienen sollte; das Geschlecht des Weltkrieges und die heranwachsende Jugend wüßten von dieser Schlacht im allgemeinen doch recht wenig.

Ich sagte zu, eine solche, ganz kurze Darstellung für breite Volksteile zu geben, obschon ich mir der Schwierigkeit, die hierin lag, voll bewußt war. Vieles war noch in meiner Erinnerung, vieles gaben mir „Meine Kriegserinnerungen", vieles hatte ich auch hier nicht ausgenommen, um das an und für sich schon so umfangreiche Werk nicht noch mehr anschwellen zu lassen. Auch sah ich selbst damals über manche Zusammenhänge nicht klar und unterließ deshalb die Erörterung. Endlich nahm ich in dem Unheil des Volkes, des Heeres und des Offiziers Rücksichten. Das Kriegsarchivwerk „Die Befreiung Ostpreußens" gibt einen guten Überblick, aber was hier über uns und den Feind niedergelegt ist, war mir damals noch nicht in diesem Umfange bekannt. Und es kommt doch gerade für eine solche Darstellung darauf an, alle die Schwierigkeiten darzulegen, die für Führung und Truppe auch aus der Ungewißheit über die eigene Lage und die Maßnahmen des Feindes entstehen. Allerdings kann abgesehen hiervon keine Kriegsgeschichte das starke schöpferische Erleben wahrer Feldherrn, das der Lenker großer heldischer Schlachten hat und ausstrahlt, je wiedergeben, oder mit Hilfe der Vernunft nachträglich konstruieren. Eine Schlacht ist eine aus schöpferischen Kräften geborene einheitliche und einmalige Tat, der sogar der Schlachtenlenker selbst in nachträglicher Darstellung nicht voll gerecht werden kann.

Ich hatte mit der Arbeit begonnen, als ich am 11.8. Abhandlungen erhielt, die alle Unwahrheiten über diese Schlacht wieder auftischten, die im Laufe der letzten Jahre wider mich im Zusammenhang mit dieser Schlacht in Umlauf gesetzt waren, um meine Leistung herabzusetzen. Ich hatte schon in „Ludendorffs Volkswarte" vom 20.4. und 4.5.1930 diese Verunglimpfungen als „erstunken und er...funden" bezeichnet, um keinen stärkeren Ausdruck zu gebrauchen, und mußte dann nach den Reden des Reichskanzlers Brüning gelegentlich der Reichspräsidentenwahl im April 1932 in „Ludendorffs Volkswarte" in den Folgen vom 28.2.32., 25.9.32, 17.10.32, 6.11.32, 20.11.32 öffentlich auf die ungeheuerliche Angelegenheit zurückkommen. Es hatte mir daran gelegen, die irrigen Vorstellungen und Mißverständnisse, die durch das Hindenburg-Buch „Mein Leben" entstanden waren und zu böswilligen Entstellungen der geschichtlichen Tatsachen mißbraucht wurden, vor der Welt zu klären. Es war erfolglos, was nutzten meine Ausführungen; was nutzte der Hinweis auf die beiden übereinstimmenden Werke „Meine Kriegserinnerungen" und das viel umfangreichere Werk des Reichsarchivs „Die Befreiung Ostpreußens" und die vortrefflichen Ausführungen des Archivrats v. Schäfer? Wie ich aus den mir jetzt zugestellten neuerlichen Veröffentlichungen über die Schlacht von Tannenberg erkenne, wird zähe an den ungeheuerlichen Entstellungen festgehalten, Geschichte wird weiter zur Dirne gemacht, wenn es gilt, meine Leistungen herabzusetzen. Ernste Erfahrung hatten mich gelehrt und lehrt mich so, daß Gleichgültigkeit gegenüber Ruhm und Urteil der Mit- und Nachwelt nicht zum Unrecht an der Pflicht werden darf, dem Volke die Wahrheit kundzutun. Der Eifer der Feinde meines Kampfes gegen die überstaatlichen Mächte hat überdies die Unwahrheiten über mein Wirken im Weltkrieg so vielgestaltig aufblühen lassen, daß meine Mitkämpfer ein Anrecht haben, die Wahrheit zu erfahren. Darum erweitere ich die Darstellung.

Es überrascht angesichts der Hochflut der Entstellungen ordentlich, wenn „Die Woche" vom 2.8.1934 unter allen möglichen falschen Behauptungen doch an einer Stelle sagt:

„Wir wissen längst, daß nicht Kaiser Wilhelm, sondern Bismarck das Reich gegründet hat; wir wissen heute auch..., daß nicht er (Hindenburg), sondern sein genialster, willenskräftigster Mitarbeiter Ludendorff der eigentliche Schöpfer jener

10

Schlacht- und Feldzugspläne gewesen ist, die den Namen beider Männer zu weltgeschichtlicher Berühmtheit emportrugen."

Der Verfasser hätte wohl besser zum Vergleich heranziehen können: Wir wissen längst, daß nicht Kaiser Wilhelm der Schöpfer jener Schlacht- und Feldzugspläne in den Kriegen 1866 und 1870/71, nicht der Sieger von Königgrätz, Gravelotte und Sedan war, sondern General v. Moltke; doch das vermied er.

Er vermied auch auszusprechen, daß wohl kein Geschichteforscher es zu des Kaisers Lebzeiten hätte wagen können, diese Tatsachen zu seinen Gunsten zu entstellen. Das gerade achten selbst seine Gegner. Unter den Abhandlungen, die mir jetzt über die Schlacht zugestellt wurden, befand sich auch eine eines jüdisch versippten, „nationalen" Offiziers, der etwa ausführte, daß im Hauptquartier der 8. Armee Oberstleutnant Hoffmann, der älteste der mir unterstellten Generalstabsoffiziere der Operationabteilung, der geistige Urheber der strategischen Gedanken gewesen sei, obgleich ich in meinen vorstehend erwähnten Richtigstellungen schon 1930 ausdrücklich auf die Unwahrheit solcher Behauptungen hingewiesen hatte. Ich hatte dort ausgeführt, wie der „Historiograph" des Generals Hoffmann, der bekannte Herr Nowak, alles getan, um den „Sieger von Tannenberg" in General Hoffmann zu schaffen! Ich selbst bin General Hoffmann in meinen Kriegserinnerungen, wie viele der Wissenden meinen, mehr als gerecht geworden. Ich habe stets den mir unterstellten Offizieren Gelegenheit gegeben, ihre Meinung zu äußern und innerhalb des ihnen anvertrauten Geschäftsbereiches ihre Kräfte zu entfalten, so auch ihm. Mehr gewährte ich ihnen indes nicht, in Sonderheit auch nicht General Hoffmann, da ich seinen fast krankhaften Ehrgeiz, der sich fortschreitend mehr entwickelte, sehr schnell erkannt hatte. In einem seiner Briefe, die er seiner Frau, einer Jüdin, geb. Stern, schrieb, augenscheinlich um durch sie später sein Handeln rühmen zu können, hat er – nach Nowak – gleich nach der Schlacht ausgeführt: „Für meinen bescheidenen Anteil an der Schlacht von Tannenberg…" hätte er einen Orden erhalten. Hätte er irgendwie gekonnt, hätte er sich wohl anders ausgedrückt und anderes Material gegeben, um als „Sieger von Tannenberg" der Nachwelt gekennzeichnet zu werden! Bald nach der Schlacht hat er nun versucht, andere davon zu überzeugen, daß vor meinem Eintreffen im Osten von ihm Befehle gegeben worden wären, die auf ein Tannenberg hinzielten, was aber, wie auch Archivrat v. Schäfer noch besonders feststellt, nicht zutrifft.

Konnte er noch im Anfang an seine Frau schreiben: „Wir stehen uns bisher ausgezeichnet", so haßte er mich später gegen Ende des Krieges ausgesprochen, weil ich politische Intriguenspiele nicht duldete und im Januar 1918 seiner Frau das Abhalten politischer Zirkel in Berlin untersagte. In diesem seinem Haß gegen mich hat er sich dann in späteren Jahren in immer stärkere Entstellungen hineingesteigert, die genau so unrichtig waren, um auch hier keinen anderen Ausdruck zu gebrauchen, wie die vorstehend zurückgewiesene Behauptung.

Nein, mit des Generals Hoffmann geistiger Urheberschaft der Schlacht von Tannenberg und seinem Einfluß auf ihren strategischen Verlauf ist es wirklich nichts! Seine wahren militärischen Verdienste werden durch solche von ihm ausgehende Geschichteklitterung nur für die Zukunft bedroht.

Daran wird das Urteil jüdisch und freimaurerisch versippter Offiziere nichts ändern; sie sollten das Hoffnungslose ihrer Bemühungen einsehen und damit aufhören. Ihre Hast ließ sie vergessen, daß ich noch lebe.

Doch damit nicht genug! Andere vermeintliche Sieger von Tannenberg treten in der Presse der Gegenwart auf. General v. Prittwitz, der ja gerade als der vorherige Befehlshaber der 8. Armee abberufen worden war, weil er die Schlacht von Gumbinnen so unglücklich geführt hatte und die Truppen hinter die Weichsel zurücknehmen wollte, wird heute besonders auch in der englischen freimaurerischen Presse als eigentlicher Sieger von Tannenberg genannt!

Daneben wird General v. François durch eigene Darstellung als Sieger von Tannenberg verherrlicht, jener General, der in „Meine Kriegserinnerungen" so besonders geschont worden ist und sowohl in der Schlacht von Gumbinnen, als auch stellenweise in der Schlacht von Tannenberg versagte, dafür aber das Nachkriegsverdienst hatte, mich fast berufsmäßig in Vorträgen und Presseergüssen herabzusetzen. Das war genügend verdienstvoll, um zu seiner Abstempelung als „Sieger von Tannenberg" von seiten Roms, der Juden und Freimaurer zu führen. Genug davon.

Ich habe mich nun Anderem zuzuwenden, das ich auch noch zugestellt erhielt. Hier wurde ein anderer Zeuge gegen mich angeführt. (Auf die Legenden des „Fliegers von Tannenberg" und „der Bestechung Rennenkampfs" will ich nicht mehr eingehen.)

In den oben genannten Folgen der „Ludendorffs Volkswarte" hatte ich mich im Jahre 1930 bereits eingehend mit dem Buch des Herrn Walter Elze, früheren Hauptmanns und damaligen Privatdozenten an der Universität in Berlin zu beschäftigen. Er ist der Sohn des bekannten Hochgradfreimaurers Elze der „Nationalen Mutterloge zu den Drei Weltkugeln" aus Halle a. d. Saale, was zu beachten ist.

Dieses Buch ist 1928 erschienen, in einer Zeit, in der ich den Kampf gegen die Freimaurerpest in Deutschland durch mein Werk: „Vernichtung der Freimaurerei durch Enthüllung ihrer Geheimnisse" und „Kriegshetze und Völkermorden", sowie durch zahlreiche Vorträge führte. Ich hörte von ihm wohl das erstemal durch das Blatt des Deutschen Offiziersbundes vom 14.12.1928, in dem Oberstleutnant und Archivrat (im Reichsarchiv) v. Schäfer in einem Aufsatz „wie Geschichte entsteht" die ganze Ungeheuerlichkeit der Darstellung des Herrn Elze in bezug auf ein Schwanken meiner Person durch Versagen meiner Nerven bei Durchführung der Schlacht von Tannenberg eingehend aufdeckte und sie völlig widerlegte. – Zuerst sollte ich meine „Nerven Ende September 1918 verloren haben", als ich es für meine Pflicht hielt, die Oberste Heeresleitung zu einem Waffenstillstandsangebot zu veranlassen, nachdem die Front in Bulgarien infolge freimaurerischen Verrats so völlig zusammengebrochen war. Alle überstaatlichen Mächte, ja auch „Militär-Schriftsteller", wie Major Hesse, wie ich das jetzt gerade auch einer zugesandten Veröffentlichung entnehme, haben sich erdreistet, solches zu verbreiten. Diese Machenschaften traten aber infolge meiner Veröffentlichungen doch mehr und mehr zurück und fanden vor allem keinen Glauben mehr im Volke. Darum mußte denn ein anderer ersonnener Nervenverlust herhalten. Die Kampfarten der überstaatlichen Mächte und der in ihrem Geiste Erzogenen bleiben immer dieselben. – Ich hielt damit die ganze Angelegenheit für erledigt und konnte ihr auch weiter keine Aufmerksamkeit schenken. Dieser Anwurf war für mich ja nur eine der vielen üblichen Unwahrheiten, die über mich von allen Feinden des freien Deutschlands ja seit langem verbreitet wurden und nun von maßgebender Stelle eine völlig eindeutige Beantwortung gefunden hatten. Ich legte dem Ganzen auch um so weniger Bedeutung bei, als mich das Reichsarchiv ja um die Beantwortung recht vieler Fragen über die Schlacht von Tannenberg gebeten hatte. Irgendeine Frage, die nur im entferntesten mit den Angaben des Buches des Herrn Elze in Verbindung stand, hatte ich indes nicht erhalten.

Wie staunte ich nun, als ich im Frühjahr 1930 Heft 10 von „Wissen und Mehr", ebenfalls eine militärische Monatsschrift, durchlas, das Ende 1929 erschienen war. In ihm beschäftigte sich der Schriftleiter in mir durchaus abträglicher Weise mit dem Buch des Herrn Elze. Mir wurde klar, daß Herr Elze eine Darstellung gewählt hatte, nach der ich in Nervenschwäche unheilvolle Entschlüsse für die Durchführung der Schlacht dem General v. Hindenburg vorgeschlagen hätte, sie wären aber nicht zur Ausführung gekommen, da dieser stark geblieben sei. Es war da ferner behauptet, daß sich Herr Elze hierbei auf das Buch des Generals v. Hindenburg „Mein Leben" bezöge.

Mit diesem Buch hat es nun seine eigene Bewandtnis. Im Sommer 1919, als ich „Meine Kriegserinnerungen" geschrieben hatte, bat mich der spätere General v. Merz, der im Weltkriege in der Obersten Heeresleitung den Kriegsschauplatz in der Türkei und Kleinasien bearbeitete, um die „Fahnen" meines Werkes „Meine Kriegserinnerungen", die noch nicht veröffentlicht waren. Er wäre von General v. Hindenburg gebeten, an seinem Buch „Mein Leben" zu schreiben, er wisse über die Vorgänge im Osten nicht recht Bescheid, was ich ihm gern glaubte. Ich gab ihm meine „Fahnen" und wurde auch später von General v. Hindenburg gebeten, schon die „Fahnen" seines Buches zu lesen. Ich konnte General v. Merz, wie General v. Hindenburg die Bitte nicht abschlagen. Ich hatte ja gerade vor kurzer Zeit auf Drängen alter Offiziere dem Heere zuliebe dem General von Hindenburg Gelegenheit gegeben, an mich zu schreiben und damit wieder Beziehungen zwischen ihm und mir herzustellen, die nach dem

14

26.10.1918, dem Tage meiner Entlassung, abgebrochen waren. General v. Hindenburg hatte mir zudem brieflich mitgeteilt, daß sein Buch „lediglich den Zweck habe, ethisch und erzieherisch auf unser unglückliches Volk einzuwirken, und es lediglich aus diesem Gesichtspunkt anzusehen sei". So blickte ich nur in die „Fahnen" hinein und legte sie enttäuscht zur Seite. Kriegsgeschichte enthielten sie wahrlich nicht. Sie waren nur von dem Gesichtspunkt aus zu verstehen, den General v. Hindenburg mir gegenüber angegeben hatte, d.h. sie wären bestimmt, „ethisch und erzieherisch auf unser Volk zu wirken". Auch ich hatte bei dem Schreiben meiner Kriegserinnerungen diesen Gesichtspunkt verfolgt, wenn ich meinem Werke freilich zugleich einen hohen militärischen und politischen Wert gab. Ich hatte die Erfahrung gemacht, daß über das Wesen des Krieges und über die Anforderungen, die an einen Führer herantreten, im Volke vollständige Unklarheiten herrschten. Ich hatte das Fehlen richtiger Erkenntnisse schwer empfunden. Das Kriegführen erschien z.B. unseren „Staatsmännern" als „eine ungemein einfache, reibunglos verlaufende Angelegenheit". So hatte ich denn in meinem Werke bei einer Einzeldarstellung der Schlacht geschrieben:

„Bei unserem Eintreffen (abends im Hauptquartier Löbau) kam die Meldung, daß das I.A.K. geschlagen sei, die Trümmer träfen bei Montowo ein. Die Nachricht war schwer zu glauben. Eine Fernspruchanfrage bei der dortigen Bahnhofskommandantur ergab aber, daß sich dort Truppen des I.A.K. sammelten, später stellte es sich heraus, daß es sich nur um ein Bataillon handelte, das in eine recht schwierige Lage gekommen war und nachgegeben hatte. Auch recht eilig durch Löbau fahrende Train-Kolonnen brachten neue Unruhen. Auf den Führer stürmt viel ein. Er muß gute Nerven haben. Der Laie glaubt vielleicht, im Kriege wäre alles nur ein Rechen-Exempel mit bestimmten Größen. Es ist alles andere, nur das nicht. Es ist ein gegenseitiges Abringen gewaltiger, unbekannter, physischer und seelischer Kräfte, und zwar um so schwieriger, je größer die eigene Unterlegenheit ist. Es ist ein Arbeiten mit Menschen von verschiedener Charakterstärke und mit eigenen Gedanken. Der Wille des Führers ist allein der ruhende Pol. Alle Männer, die Führermaßnahmen kritisieren, sollten erst Kriegsgeschichte lernen, sofern sie nicht den Krieg in Führerstellungen mitgemacht haben." (Allerdings muß die Kriegsgeschichte wahr geschrieben sein. Ich habe damals noch nicht geglaubt, wie sie verunstaltet würde, um mich zu treffen. Ich wußte damals noch nicht, wie Freimaurer und Jesuiten jeder Ehrfurcht bar sind, sonst hätte ich „vorsichtig" da schon auf den wahrscheinlichen Mißbrauch solcher Belehrungen hingewiesen.) „Ich möchte ihnen wünschen, einmal selbst eine Schlacht leiten zu müssen. Sie würden bei der Unklarheit der Lage und den gewaltigen Anforderungen vor der Größe der Aufgabe erschrecken und – bescheidener werden... Bei dem Staatsmann handelt es sich um einen einzigen gewaltigen Entschluß (sich zum Krieg zu entscheiden), an den Führer treten sie täglich und stündlich heran. Von diesem hängt dauernd das Wohl und Wehe vieler Hunderttausende, ja ganzer Nationen ab. Es gibt für einen Soldaten nichts Größeres, aber auch nichts Schwereres als an der Spitze einer Armee oder des ganzen Feldheeres zu stehen."

Dann hatte ich noch rückblickend auf die Schlacht gesagt:

„Ich konnte mich des gewaltigen Sieges nicht aus vollem Herzen freuen. Die Nervenbelastung durch Rennenkampfs Armee war zu schwer gewesen, wir waren aber stolz aus die Schlacht. Durchbruch und Umfassung, kühner Siegeswille und einsichtige Beschränkung hatte diesen Sieg zu Wege gebracht. Trotz unserer Unterlegenheit im Osten war es gelungen, auf dem Schlachtfelde den feindlichen annähernd gleichstarke Kräfte zu vereinigen."

Ich weiß nun nicht, ob ich bei dem flüchtigen Durchsehen der Fahnen überhaupt die Darstellung gelesen habe, die General v. Merz für den 26. August in seiner Beschreibung der Schlacht von Tannenberg ausgenommen hat, da gerade seine Darstellung dieser Schlacht so völlig ungeschichtlich ist, und ich mit seinen angestellten Betrachtungen in gar keinem Zusammenhang stand. Hier steht nämlich auf Seite 87 des Buches „Aus meinem Leben" (in der Volksausgabe Seite 77):

„Da erhebt sich scheinbar von Rennenkampfs Seite drohende Gefahr. Man meldet eines seiner Korps im Vormarsch über Angerburg, wird dieses nicht den Weg in den Rücken unserer linken Stoßtruppe finden? Ferner kommen beunruhigende Nachrichten aus der Flanke und dem Rücken unseres westlichen Flügels.

Dort bewegt sich im Süden starke russische Kavallerie, ob Infanterie ihr folgt, ist nicht festzustellen. Die Krisis der Schlacht erreicht einen Höhepunkt. Die Frage drängte sich uns auf“: (Ich glaube heute, sie hat sich nur dem Herrn General v. Merz beim Schreiben dieses Abschnittes aufgedrängt.) „Wie wird die Lage werden, wenn sich bei solch gewaltigen Räumen und bei dieser feindlichen Überlegenheit die Entscheidung noch tagelang hinzieht? Ist es überraschend, wenn ernste Gedanken manches Herz erfüllen? Wenn Schwankungen auch da drohen, wo bisher nur fester Wille war; wenn Zweifel sich auch da einstellen, wo klare Gedanken bis jetzt alles beherrschten? Sollten wir nicht doch gegen Rennenkampf uns wieder verstärken und lieber gegen Samsonow nur halbe Arbeit tun? Ist es nicht besser gegen die Narew-Armee die Vernichtung nicht zu versuchen, um die eigene Vernichtung zu vermeiden? Wir überwinden die Krisis in uns, bleiben den gefaßten Entschlüssen treu und suchen weiter die Lösung mit allen Kräften im Angriff.“

Habe ich die Bemerkung gelesen, so habe ich sie wohl nur ethisch und erzieherisch aufgefaßt, nie aber kriegsgeschichtlich, es sei denn, daß sich die Vorgänge in der Gedankenwelt des Generals v. Hindenburg abgespielt hätten, was mir allerdings unbekannt war. In meiner Gedankenwelt hatten sie keinen Raum, auch wenn ich sorgsam mir über alle Möglichkeiten Rechenschaft ablegte. An General v. Hindenburg aber trat ich stets nur mit meinen bestimmten Entschlüssen heran.

Diese ethische Betrachtung in dem Buche „Mein Leben“ ist nun neben Ausstreuungen des Generals Hoffmann, der aber selbst sich in seinem „Tannenberg“ gehütet hat, solche Behauptungen von sich aus aufzustellen, Gegenstand des Mißbrauchs der Kriegsgeschichteschreibung der Freimaurer oder Freimaurersöhne wider mich.

Es wird dazu gefolgert, ich hätte ja bei dem Durchlesen der Fahnen diesem Abschnitt nicht widersprochen. Ja, wie sollte ich denn, wie sollte ich überhaupt auf den Gedanken kommen, selbst wenn ich diese Worte gelesen habe, daß Gedanken, die hier General v. Hindenburg sich von Oberst v. Merz zusprechen ließ, auf mich zielten? Wird in meiner Gegenwart erzählt, es hätte ein Dritter silberne Löffel gestohlen, dann behaupte ich auch nicht, ich hätte das nicht getan. Es ist aber ein mir inzwischen bekannt gewordener Trick, aus der Tatsache, daß man von etwas nicht spricht, eine Zustimmung zu sehen, oder sonst etwas zu folgern. So hat sich ja auch ein Professor zu behaupten erdreistet, daß, weil mein Schwiegervater, der diesem Professor völlig fernstand, ihm nicht erzählt habe, daß er Sanskrit studiert habe und kenne, nun auch unmöglich Sanskrit gekannt habe. Ja, so machen es Brr. Freimaurer und ähnlich Eingestellte.

Dies war also die vornehmliche Quelle des Herrn Elze, den ja auch schon Archivrat v. Schäfer gründlich abgefertigt hatte. Derselbe hat, genau forschend, zahlreiche Mitglieder des Ober-Kommandos der 8. Armee gefragt, ob ihnen irgend etwas von diesem Schwanken bekannt fei. Sie alle haben verneinend geantwortet.

Er schreibt in seinem Aufsatz „wie Geschichte entsteht": „Auch nicht einer entsinnt sich, je einen Vorgang gehört zu haben, der die Darstellung Elzes, die Vermutung Hoffmanns oder gar die Phantasie Nowaks in irgendeiner Weise rechtfertigen könnte."

Der damalige Oberquartiermeister der 8. Armee, General Grünert, der später Chef des Generalstabes der 9. Armee des General v. Mackensen wurde und im Dienstrange erheblich über dem damaligen Oberstleutnant Hoffmann stand, hatte ihm z.B. geschrieben: „Denn von einem Nervenverlieren ist bei Ludendorff sicherlich keine Rede gewesen. Das hätte sich doch in irgendeiner Form im Armeeoberkommando auswirken müssen. Das ist aber nach keiner Richtung hin geschehen. Mir ist jedenfalls diese jetzt aufgestellte Behauptung durchaus neu." Archivrat v. Schäfer fertigt den späteren General Hoffmann dabei wie folgt ab: „Hätte General Hoffmann von jenem Hergang etwas gewußt, so dürfte er damit bei der Ludendorff feindlichen Auffassung, die sein ganzes Tannenbergbuch durchweht, kaum zurückgehalten haben." – Ich habe das Buch von General Hoffmann nicht gelesen; daß er aber überhaupt mit solcher Behauptung in Zusammenhang gebracht wurde, war für mich doch wirklich überraschend. Er hat wohl auch nicht geschrieben, es auch nicht in Briefen festgelegt, wie er, als wir einige Monate später, es war im November 1914, nach dem kühnen Vormarsch der

9. Armee auf dem linken Flügel des österreichisch-ungarischen Heeres durch Südpolen mit dem linken Flügel vor Warschau standen, mich recht früh beschwor, die Armee zurückzuführen. Daß der Rückzug eintreten müsse, war auch für mich gegeben, die feindliche Umfassung bei Warschau machte sich neben dem starken feindlichen Angriff von Iwangorod her immer stärker fühlbar. Ich aber sagte mir, jeder Tag, an dem wir hier den Russen Widerstand leisteten und seinen Vormarsch verzögerten, käme der Obersten Heeresleitung im Westen für die Durchführung dort beabsichtigter Operationen zugute. Ich ließ daher die Armee auch vor Warschau bis zu dem Augenblick, als für mich der Beginn des Rückzuges notwendig wurde. Der Zeitpunkt war richtig gewählt. Die Armee trat im vollsten Vertrauen auf die Führung eine rückwärtige Bewegung auf die schlesische Grenze an, die ich auch wieder gegen die Meinung des Oberstleutnants Hoffmann ununterbrochen durchführte, um aus ihr die kühne Operation gegen die russische Flanke in Nordpolen westlich der Weichsel von Thorn und Hohensalza (Gnesen) anzusetzen. – Mit den Quellen des Herrn Elze ist es recht bedenklich bestellt. Ja, er beruft sich Archivrat v. Schäfer gegenüber, auf dessen gründliche Nachforschungen hin, auf einen leider gefallenen oder verstorbenen Offizier, der während des Beginns der Schlacht an den Masurischen Seen am 6.7. und 9.9., also recht lange nach der Schlacht von Tannenberg, auf kurze Augenblicke, nämlich zum Befehlsempfang, im Hauptquartier anwesend war. Herr Elze führt als Angabe dieses Offiziers die wirklich „überraschende" Mitteilung an, daß „die Durchführung der Schlacht von Tannenberg auf Spitz und Knopf gestanden hätte", und fügt hinzu: „Gemeint war der geschilderte Augenblick". Herr Elze verwertet zur Beweisführung in einer Weise Zeugen und deren Aussagen, durch die er sich als Geschichteforscher selbst richtet. Im übrigen hat der Zeuge von der Schlacht, die am 9.9. entbrannt war, an diesem Tage geschrieben: „Ludendorff hat dagegen" (im Gegensatz zu General Hoffmann) „seine volle Zuversicht behalten".

Ja, mein Staunen war groß, als ich im Heft „Wissen und Wehr" die Besprechung des Hauptmann Schenck des Buches „Tannenberg" von Herrn Elze las.

Ich sah mich veranlaßt, mich dagegen zu wenden, und verfaßte meine Abhandlung: „Geschichtefälschung" in der „Ludendorffs Volkswarte" vom 20.4. und 4.5.1930. Darin heißt es: „Also Herr Schenck schreibt: ‚Elze führt dazu u. a. aus, daß in dem Höhepunkt der Krise auch der Stabschef der 8. Armee' – das war ich nämlich – ‚schwankend geworden sei und sich mit einem Anfangserfolge begnügen wollte, Feldmarschall v. Hindenburg habe diese Halbheit verhindert und an dem einmal gefaßten Entschlüsse festgehalten'

Herr Schenck führt dann noch folgende Worte aus dem Buch des Herrn Elze an:

‚Die Schlieffensche Fesselung der Armee an den richtigsten Gedanken in der Ausbildung wie in der Führung hatte gefährlich das Siegenkönnen in ein Siegeswissen verwandelt, was beim Fehlen eines menschlich zureichenden Trägers zum Versagen in der Wirklichkeit führen mußte, wie dies bei Gumbinnen und an der Marne eintrat und bei Tannenberg gedroht hatte.'

Ich werde nun darstellen, was sich Herr Elze hier zurecht konstruiert hat. Natürlich ist daran nicht ein Wort wahr. Diese ganze Darstellung ist, was man auf gut Deutsch nennt: Erstunken und erfunden.' Aber was hindert das, geschichtliche Unwahrheiten in die Welt zu setzen, die mich treffen. In ‚Meine Kriegserinnerungen' habe ich 1918 geschrieben: ‚Ich trug dem Generalfeldmarschall nach Rücksprache mit meinen Mitarbeitern kurz und knapp meine Gedanken für die Anlage und Leitung aller Operationen vor und machte ihm einen ganz bestimmten Vorschlag. Ich hatte die Genugtuung, daß der Generalfeldmarschall stets – von Tannenberg an bis zu meinem Abgang Oktober 1918 – mit meinem Denken übereinstimmte und meine Befehlsentwürfe billigte?

Einmal, am 2. Juli 1915 im Schloß Posen, folgte dieser dem Kaiser, der sich gegen meinen Vorschlag aussprach, den er durch General v. Hindenburg vorgetragen erhalten hatte. Die Folge war viel Blutverlust unserer Truppen auf dem langen Nachdrängen von Warschau und von Mlawa in Richtung Brest-Litowsk und eine verunglückte Operation. Herr Elze hatte sich nicht gescheut, meine Worte einfach nicht zu beachten und sie damit also in Zweifel zu ziehen. Er kann sich wohl nicht vorstellen, daß meine Worte eine ungeheure Lüge gewesen wären, wenn ich nur einmal, geschweige denn in dem Höhepunkt ‚einer Krise' etwas Schwächliches vorgeschlagen hätte, das von General v. Hindenburg in Stärke umzuwandeln gewesen wäre!

Der ‚Kriegsgeschichteforscher' Hauptmann Elze meint nun mir nichts, dir nichts:

‚Zwei geschichtliche Tatsachen gehen ineinander über: einmal das geschilderte Schwankendwerden und das von ihm (General v. Hindenburg) wie von Ludendorff gewahrte Schweigen über die Einzelheiten dieses Vorganges.'"

Mit erstaunlichem Beginnen unterschiebt mir Herr Elze ein Verschweigen, um eine Tatsache für sich herauszu"konstruieren" – und mich unerhört zu schmähen!

Er hatte mich nach dem Tatbestande gefragt, auf welche Feststellung er Wert legt. Ich gab ihm vollen Aufschluß. Trotzdem gab er seine unwahre, mich schmähende Darstellung! Ich fürchte, sonst hätten Freimaurer und die Feinde Deutschlands keine solche Freude an seinem Werke gehabt, da Verleumdung meiner Person schwerer gewesen wäre. Vielleicht wäre Herr Elze dann allerdings nicht ein „berühmter Historiker" geworden.

Ich hatte nun geglaubt, wenigstens für Kriegsgeschichteforscher, dem Werke des Herrn Elze und allen erfundenen Behauptungen über ein vermeintliches Versagen meiner Person in der Schlacht von Tannenberg die Spitze abgebrochen zu haben. Selbstverständlich blieb ich mir bewußt, daß jüdische, freimaurerische und römische Kreise aber weiter im Sinne des Herrn Elze arbeiten würden. Daß es aber der Reichskanzler des Deutschen Reiches, Herr Brüning, tat, der eben ausgesprochen hatte, ein Volk, das die Großen seines Landes nicht ehre, zeige bedenkliche Verfallserscheinungen, war doch etwas, was ich immer noch nicht für möglich gehalten hatte. Ich wandte mich deshalb an den Herrn General v. Hindenburg und bat ihn um Richtigstellung in mehrfachen Schreiben. Ich erhielt keine Antwort. Ich enthalte mich darüber der Äußerung, füge hier nur noch einen Brief an, den ich seiner Zeit in dieser Angelegenheit in „Ludendorffs Volkswarte" veröffentlicht habe. Er wurde von einem früheren Generalstabsoffizier, dessen Name festgelegt ist, geschrieben und am 19.5.1932 an General v. Hindenburg geschickt:

„In einer durch Rundfunk verbreiteten Rede hat der Reichskanzler Dr. Brüning vor kurzem in Königsberg i. Pr. dem Sinne nach gesagt: Euer Exzellenz seien während der Schlacht von Tannenberg von Euer Exzellenz Mitarbeiter dahin beraten worden, die Schlacht abzubrechen und den Rückzug anzutreten: Euer Exzellenz hätten aber dieser Versuchung widerstanden, so daß es nur einen Sieger von Tannenberg gäbe, und das seien Euer Exzellenz. Euer Exzellenz werden diese Ausführungen zweifellos nicht bekannt sein, da sie ja in Widerspruch zu den geschichtlichen Tatsachen stehen. Der einzige verantwortliche Mitarbeiter, der für einen derartigen Rat hätte in Betracht kommen können, ist Exzellenz Ludendorff: letzterer hat Euer Exzellenz niemals einen derartigen Rat gegeben. Herr Generalfeld¬marschall werden sich entsinnen, daß Exzellenz Ludendorff anläßlich der dreijährigen Wiederkehr des Sieges am 28.8.1917 in Kreuznach im engsten Kreise vor S. M. dem Kaiser einen Vortrag über den geschichtlichen Verlauf der Schlacht gehalten hat, in dem aber eine derartige Absicht mit keinem Wort erwähnt worden ist. Dagegen betonte Exzellenz Ludendorff damals vor allen Dingen, daß der angestrebte Durchbruch bei Usdau als Schlüssel zum Siege klar erkannt gewesen und daher allen Widerständen zum Trotz (I.A.K.) mit eiserner Konsequenz durchgeführt worden sei.

Nach Schluß der Ausführungen seiner Exzellenz dankte Seine Majestät zunächst Euer Exzellenz und Exzellenz Ludendorff kurz gemeinsam für die Schlachtführung und fragte sodann Euer Exzellenz ob Herr Generalfeldmarschall in irgendeinem Punkte anderer Ansicht seien oder Ergänzungen für erforderlich erachteten.

Euer Exzellenz antworteten Seiner Majestät, Exzellenz Ludendorff habe die Zusammenhänge lückenlos und wahrheitsgetreu geschildert: das einzige, was Euer Exzellenz hinzufügen könnten, sei die Tatsache, daß Euer Exzellenz dem Schicksal ewig dafür dankbar bleiben würden, in Exzellenz Ludendorff einen so großen Chef gefunden zu haben...

Ganz unter dem Empfinden stehend, dem S. M. der Kaiser nach Schluß des Vortrages so beredten Ausdruck verliehen hatte, habe ich damals unmittelbar danach in einem Briefe an

22

meine Eltern das Gehörte niedergelegt und geschildert. Um einen Irrtum meinerseits auszuschalten, dient mir jener Brief als Basis.

Da ich die Ehre hatte, während mehrerer Jahre sowohl der Operationsabteilung Ober-Ost, als auch derjenigen der O.H.L. anzugehören, bin ich mehrfach auf die Richtigkeit der Äußerungen des Herrn Reichskanzlers angesprochen worden. Ich habe stets geantwortet, sie seien geschichtlich völlig unhaltbar, da Euer Exzellenz meines Wissens kein einziges Mal Seiner Exzellenz Vorschläge nicht zugestimmt hätten: im Gegenteil: Euer Exzellenz grenzenloses Vertrauen in die treffsichere Entschlußfassung Seiner Exzellenz sei bereits im Kriege bei den Generalstabsoffizieren des Stabes sprichwörtlich gewesen: als Beispiel hierfür wurde schon damals stets angeführt, daß Euer Exzellenz während der Kämpfe um Kowno und Wilna keine Bedenken gehabt hätten, sich gelegentlich vorübergehend vom Stabe zu trennen.

Euerer Exzellenz wäre ich daher zu Dank verpflichtet, wenn Euer Exzellenz die Güte haben würden, die unrichtige Schilderung des Herrn Reichskanzlers öffentlich in der Presse richtig zu stellen."

Auch dieser Brief führte keine Berichtigung herbei. Archivrat v. Schäfer brachte sie in einem Vortrage in Königsberg für entscheidende Punkte.

In diesen Tagen ist nun trotz dieser Vorgänge wieder ein „Kriegsgeschichteforscher" hervorgetreten, der angibt, der Wahrheit zu dienen, aber sich trotzdem in seinen Anwürfen gegen mich auf die abgefertigten Zeugen beruft.

Ich habe in den Vorkriegsjahren viel Kriegsgeschichte getrieben (s. „Mein militärischer Werdegang"). Mit Enttäuschung sah ich, daß Bücher, ein totes Mosaik gewissenhaft zusammengetragener Einzelheiten, dann noch eine Kritik und ein Zerreden bieten. Es schien mir das Verstehen echten Feldherrntums zu fehlen. Graf v. Schlieffen ging denn auch andere Wege. Heute weiß ich, daß nur sehr wenige Geschichteforscher durch Veranlagung befähigt sind, das Schaffen eines Feldherrn nachzuerleben, beinahe so wenige, wie es unter Generalen Feldherrn gibt. – Ich erhielt aus der Schweiz am 11.8. ein Schreiben, das ich gekürzt gebe:

„Euerer Exzellenz teile ich mit: in der Zeitung ‚Basler Nachrichten' vom 2. 8.34, 1. Beilage, hatte ein Oberst E. Bircher einen Aufsatz ‚Hindenburg, der Soldat und Stratege' geschrieben, in dem ein Satz enthalten war, um dessentwillen ich an ihn folgenden Brief geschrieben habe:

‚Mit innerster Empörung habe ich Ihren in den ‚Basler Nachrichten' veröffentlichten Aufsatz ‚Hindenburg, der Soldat und Stratege' den Satz gelesen: ‚Ludendorff als Generalstabschef fühlte sich mit vollem Recht verpflichtet, auf das Schwierige der Lage hinzuweisen und einen ev. Rückzug hinter die Weichsel in Erwägung zu ziehen.'

Diese Empörung wird hier von ehemaligen Deutschen Soldaten geteilt, die von diesem Satz beim Lesen Ihres Aufsatzes Kenntnis genommen haben. Ich darf Sie daher um eine freundliche Mitteilung bitten, welchem kriegsgeschichtlichen Werke Sie diese, jeder geschichtlichen Wahrheit und militärischen Möglichkeiten ins Gesicht schlagende Darstellung entnommen haben.'

Auf meinen Brief erhielt ich heute folgende Antwort von Oberst Bircher: ‚Der Ton, den Sie in Ihrem Briefe vom 6.8.1934 an mich anschlagen, würde mir überhaupt das Recht geben, auf eine Antwort an Sie überhaupt zu verzichten. Da Sie aber scheinbar sich mit der Schlacht bei Tannenberg nicht genügend befaßt haben, so erlaube ich mir Sie in erster Linie auf das im Jahre 1928 erschienene Werk von Walter Elze – nebenbei eines der besten kriegsgeschichtlichen Werke – ‚Tannenberg' hinzuweisen. In diesem Werke wird bestätigt, was mir z. Zt. im Jahre 1919 durch General Hoffmann bekannt geworden ist, und was ich in dieser Richtung in einer Notiz der ‚Basler Nachrichten' niedergelegt habe. Diese Tatsache ist mir aber auch nachher mehrfach bestätigt worden und konnte ich sie auch einem Schreiben eines Mitgliedes des Stabes des A.O.K. 8 an einen hochgestellten schweizerischen Offizier noch während des Krieges entnehmen. Im übrigen ist mir nicht unbekannt geblieben, daß genau dieselbe Auffassung in den kriegsgeschichtlichen Kursen... der Reichswehr vertreten wird.

Mir als objektivem geschichtlichen Forscher liegt es ob, die reine Feststellung der Tatsache vorzunehmen, wie es sich für die

24

Feststellung der Wahrheit im kriegsgeschichtlichen Geschehen handeln muß. Es steht Ihnen daher nicht das geringste Recht zu, in einem Lande, dessen Gastfreundschaft Sie genießen, gegenüber einem Angehörigen dessen Armee in einem solchen Ton, wie Sie ihn mir gegenüber anzuschlagen beliebten, zu verfallen.'

Der Brief fährt in allgemeinen Redensarten über das Deutschtum im Auslande fort;...."

Der Kriegsgeschichteforscher Oberst Bircher hat sich also nicht enthalten, Quellen als wahr anzugeben, die schon recht lange als unwahr gekennzeichnet sind, wenn General Hoffmann übrigens solche Ausführungen gemacht hat, so hat er einfach gelogen. Doch kann ich mir das immer noch nicht von ihm vorstellen trotz aller seiner Gehässigkeit gegen mich. Jedenfalls vermied er wohlweislich solche Lüge schriftlich von sich gegeben zu haben. Es wird Herrn Oberst Bircher jetzt nichts anderes übrig bleiben, als das Schreiben dieses Mitgliedes des Stabes A.O.K. 8 an einen hochgestellten schweizerischen Offizier bekanntzugeben, der mehr weiß als alle übrigen Mitglieder des Stabes der 8. Armee, die Archivrat v. Schäfer gefragt hat, und mehr von mir wissen will, als ich selbst, ja vermeintliche Gedanken und Gespräche kennt, über die sich sogar nach Angabe des Herrn Elze General v. Hindenburg und ich uns nicht ausgesprochen hätten. Ich bin sehr gespannt, um was es sich hier von neuem handelt; vorweg will ich sagen, daß dieses Mitglied des Stabes niederträchtig gelogen hat, wenn er das geschrieben hat, was Herr Oberst Bircher dem Briefe entnommen hat. Aber – es überkommt einen der Ekel!

Ich habe stets die Ansicht vertreten, kriegsgeschichtliche Wahrheit, wie jede Wahrheit, soll Wahrheit bleiben. Dieser Wahrheit halber bin ich auf Vorstehendes zurückgekommen, nachdem ich überhaupt gebeten worden war, eine volkstümliche Darstellung der Schlacht zur Belehrung lebender und kommender Geschlechter zu geben. Auch das Vorstehende dient schon zu solcher Darstellung und zur Belehrung von vielleicht auch von Herrn Elze schlecht belehrten Reichswehroffizieren, falls die Angabe des Geschichteforschers Oberst Bircher wirklich zutreffen sollte. Das Volk in seiner Gesamtheit hat ein Recht, den Führer des Weltkrieges auf Deutscher Seite, denn schließlich bin ich das in langen Abschnitten gewesen, richtig zu sehen. Schade nur um das Deutsche Volk, daß ich im allgemeinen selbst darauf hinwirken muß, schade um es, daß es zuläßt, daß in ihm das Beschimpfen des Feldherrn zum guten Ton gehört, die beklatscht, die es tun, und die belästigt, die sich dagegen wehren. Bei anderen Völkern wäre so etwas nicht möglich!

Die Schlacht

Der 22. und 23. 8. 1914

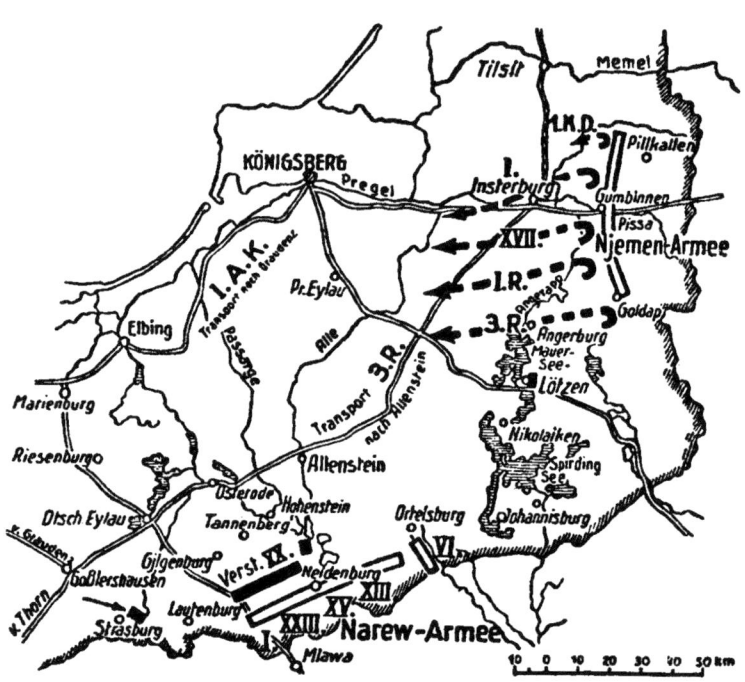

Skizze 1

Zu Beginn des Krieges war ich Oberquartiermeister bei der 2. Armee. Als ich im Januar 1913 infolge meines starken Drängens auf Durchführung der allgemeinen Wehrpflicht aus dem Generalstabe versetzt wurde, war mir die Stellung eines Oberquartiermeisters zugedacht, da die Stellung des Chefs der Operations-Abteilung der Obersten Heeresleitung nun anderweitig besetzt wurde, und ich für eine Verwendung als Chef einer Armee noch „zu jung" war. Die reichen Erfahrungen, die ich im Generalstabe in meiner bisherigen Stellung gesammelt hatte, und mein betätigtes Können waren für die Stellung eines Oberquartiermeisters wirklich nicht notwendig gewesen. Ich hatte mir darauf die Stellung des Oberquartiermeisters bei der 2. Armee ausbedungen und ebenso meine Kommandierung zu dem Handstreich von Lüttich, den ich lange Zeit bearbeitet, und dessen hohe Bedeutung für den Schutz der Heimat und raschen Sieg ich immer betont hatte.

Mein Handeln bei Lüttich ist bekannt, ich führte die 14. Infanterie-Brigade, deren Führer gefallen war, im Straßenkampf am 7.8. zuletzt bis auf die Zitadelle vor, die sich mir ergab. Damit war die entscheidende Tat zur Einnahme von Lüttich vollbracht, dessen Forts später nach und nach genommen wurden. Der Weg für den rechten Heeresflügel durch Belgien war damit freigemacht und die Grundlage für eine erfolgreiche Durchführung der gewaltigen Angriffshandlung im Westen nach Frankreich und Belgien hinein gegeben. Durch sie sollte hier der Sieg über die vereinigten französisch-englischen und belgischen Heere erreicht werden, während des Vormarsches oblag ich meinen Geschäften als Oberquartiermeister, die namentlich der Gestaltung der rückwärtigen Verbindung der 2. Armee galten; daneben aber bemühte ich mich, die Verbindung mit der weiter nördlich vormarschierenden 1. Armee weiter sorglich aufrecht zu erhalten. Ich sah in dem engen Zusammenwirken beider Armeen eine der Grundlagen des Erfolges der Deutschen Operation, ebenso wie in ihrer rastlosen und schnellen Durchführung. (Die unheilvollen Folgen der Vernachlässigung dieser Verbindung nach meiner Abkommandierung habe ich in der Schrift „Das Marnedrama" gezeigt.) Auf meinen Fahrten mit dem Oberbefehlshaber, General v. Bülow, weilte ich auch bei General v. Gallwitz, der Namur zu nehmen hatte. Am 21. August fuhr ich zur 2. Garde-Division westlich Namur, wohnte noch deren Sambre-Übergang bei und machte hierüber im Oberkommando Meldung. Das sollte für lange Zeit hinaus, bis zu meiner Berufung in die Oberste Heeresleitung am 29.8.1916 meine letzte Kriegshandlung im Westen sein. Am Morgen des 22. 8. um 9 Uhr – das Oberkommando war gerade im Aufbruch nach vorwärts – erhielt ich von den Generalen v. Moltke und v. Stein Briefe, durch die ich plötzlich in die Stelle des Chefs des Generalstabes der 8. Armee in Ostpreußen berufen wurde. General v. Moltke schrieb – ich erwähnte das schon:

„Sie werden vor eine neue schwere Aufgabe gestellt, vielleicht noch schwerer, als die Erstürmung Lüttichs... Ich weiß keinen anderen Mann, zu dem ich so unbedingtes Vertrauen hätte, als wie zu Ihnen. Vielleicht retten Sie im Osten noch die Lage... Sie können natürlich nicht für das verantwortlich gemacht werden, was geschehen ist, aber Sie können mit Ihrer Energie noch das Schlimmste abwenden. Folgen Sie also dem neuen Ruf, der der ehrenvollste für Sie ist, der einem Soldaten werden kann."

General v. Stein, damals Generalquartiermeister, schloß seinen Brief: „Schwer ist die Ausgabe, aber Sie werden es schon machen."

Wenige Minuten nach Erhalt der Briese saß ich mit Burschen und Gepäck im Kraftwagen. Die Pferde sollten mit der Bahn nach dem Osten gefahren werden.

Nach langer, rastloser Autofahrt durch belgisches Gebiet, das deutlich die Spuren von Kämpfen und namentlich von Kämpfen gegen völkerrechtwidrig handelnde belgische Freischärler trug, durch Lüttich, das das Gedenken an mein dort getätigtes kühnes Tun in Ungewißheit hinein in mir wachrief, und friedliche Deutsche Gaue traf ich gegen 6 Uhr abends im Großen Hauptquartier in Koblenz ein. Hier erfuhr ich die Gestaltung der Kriegslage im Osten durch General v. Moltke selbst, der sich in tiefster seelischer Erschütterung befand und buchstäblich am ganzen Leibe bebte.

Die Gestaltung der Lage im Osten war mir bis dahin fremd gewesen. Ich wußte nur aus den Aufmarschanweisungen an die 8. Armee, die ich ja oft genug geschrieben hatte und aus Operationsstudien, die die Generale Graf v. Schlieffen und v. Moltke durchgeführt hatten, daß sie ernste Gefahren zeitigen könnte, die nur Können und Wille meistern würden.

General v. Moltke sagte mir, die 8. Armee in Ostpreußen habe am 20.8. die Njemen-Armee des Generals Rennenkampf, die von Kowno her über die Ostgrenze der Provinz vorgerückt war, angegriffen. Der Angriff wäre aber gescheitert. Die Armee wäre im Rückzug hinter die Weichsel. General Rennenkampf folge nur langsam.

Ich bitte, die folgenden Abkürzungen sich zu merken. Ich habe in meinem Werke „Mein militärischer Werdegang" über die Zusammensetzung der Feld-, Reserve- und Landwehrtruppen in Altersklassen und ihre Stärken an Infanterie, Kavallerie und Artillerie usw. ausführlich geschrieben. Ich füge hier nur an, daß die preußischen Armeekorps 24 Bataillone, 6–8 Schwadronen und 24 Batterien zu 6 Geschützen und ein Fuß-Artillerie-Bataillon zu 4 Feldhaubitz-Batterien stark waren. Das Reservekorps verfügte über die gleiche Stärke an Infanterie; aber nur über 12 Batterien Feldartillerie. Ein Armee-Korps (A.K.) bestand aus 2 Divisionen zu 12 Bataillonen und 12 Batterien zu 6 Geschützen. Die 3. Reserve-Division (R.) war entsprechend stark. Eine Landwehrbrigade bestand aus nur 6 Bataillonen, 1–2 Batterien. Diese Stärken haben sich die Leser zu vergegenwärtigen, nur dann können sie die Zusammenhänge voll würdigen.

Das I.A.K. (Armee-Korps) sollte mit der Bahn nach Graudenz gefahren werden. Die I.K.D. (Kavallerie-Division), XVII. A.K., I.R. (Reservekorps) sollten möglichst weit nördlich ausholend, den Rückmarsch hinter die Weichsel fortsetzen, das A.O.K. (Armee-Ober-Kommando) sollte von Braunsberg nach Dirschau verlegt werden. Die 3. R. (Reserve-Division) wäre nach Allenstein mit der Eisenbahn herangeführt, um das durch Landwehr-Formationen auf etwa 3 ½ Infanterie-Divisionen verstärkte XX.A.K. weiter zu verstärken. Gegen dieses Armeekorps wäre die russische Narew-Armee unter General Samsonow über die Südgrenze Ostpreußens zwischen den durch Sperren befestigten Masurischen Seen (diese Sperrbefestigungen waren bis auf die Sperre bei Lötzen durchaus minderwertig; auch die kleine Feste Lötzen hatte nur völlig veraltete Werke; nach Westen zu waren die Sperranlagen nur bei Lötzen geschlossen), und der Bahn Warschau–Mlawa–Marienburg im Vormarsch und hätte die Grenze überschritten. Mit ihrem schnellen Vormarsch nach Nordwesten gegen die Rückzugslinie der vor der Njemen-Armee zurückgehenden Truppen müsse gerechnet werden.

Die Durchführung des Rückzuges hinter die Weichsel der in Ostpreußen operierenden Truppen war in den zahlreichen Kriegsspielen des Generals von Schlieffen und des Generals v. Moltke stets für möglich gehalten worden. Sollten doch die hier kämpfenden Truppen in Gefechtskraft erhalten bleiben, um nach Erringung der Entscheidung in Frankreich von dort her verstärkt werden zu können und nun mit diesen Verstärkungen zusammen noch fähig zu sein, die Entscheidung im Osten herbeizuführen. In solcher Auffassung hatte wohl auch das bisherige A.O.K. der 8. Armee im Osten den Rückzug beschlossen. Jetzt aber hätte, wie ich bereits zu Anfang dargetan habe, uns dieser Rückzug die Niederlage des Deutschen und verbündeten Heeres und die Zermalmung desselben und des Deutschen Volkes in Mitteldeutschland und in Böhmen gebracht. Der Rückmarsch hinter die Weichsel bedeutete aber auch die Preisgabe der Provinz Ostpreußen und Westpreußens östlich der Weichsel an die Russen. In der Theorie werden Landesteile mit ihrer Bevölkerung leicht dem Feinde überlassen, in dem Ernst der Wirklichkeit sieht es anders aus, da ist das Überlassen eigenen Gebietes an den Feind etwas gewaltig Schweres, und so drängte sich auch im Großen Hauptquartier in Koblenz, namentlich auch beim Kaiser, der Wunsch Bahn, den Feind an der Besitznahme von Ostpreußen zu hindern und der Bevölkerung furchtbare kriegerische Heimsuchung zu ersparen. Diese Aufgabe wurde mir zuteil. Mein Streben wurde, Ostpreußen zu retten und die Russen zu schlagen.

Die Lage, die ich vorfand, so schrieb ich in „Meine Kriegserinnerungen“, „war zweifellos sehr ernst, aber schließlich gab es doch noch Auswege“.

Dieser „Ausweg" war die Angriffsschlacht gegen die Narew-Armee. Zu ihr wollte ich so starke Kräfte vereinigen, wie nur möglich. Bei dem Entschluß zu dieser Schlacht rechnete ich damit, daß die russischen Armeeführer die starke Veränderung der Kriegslage, die mein Wille über unsere besiegten oder in der Verteidigung stehenden Truppen herbeiführen sollte, nicht rasch genug erkennen würden. Wie im Einzelnen zu handeln sei, war am 22. abends in Koblenz noch nicht zu übersehen, daß schnell gehandelt werden mußte, bevor die russischen Armeeführer sich in der neuen Lage zurechtfanden, war klar. Immerhin ließen sich aber bereits einige grundlegende Maßnahmen für die Schlacht treffen. So verlegte ich den Schwerpunkt der Armee nach dem verstärkten XX. A.K., das je nach der Lage vor der vormarschierenden Narew-Armee zurückgenommen werden müsse, eine Bewegung, die ein wirkungvolles Eingreifen des I. R. und XVII. A.K., vielleicht sogar in den Rücken der Narew-Armee, ermöglichen könnte.

Auf meine Bitte wurde sogleich durch General von Moltke nach dem Osten hin befohlen, daß die Eisenbahntransporte des I.A.K. möglichst weit an das XX. A.K. nach Deutsch-Eylau und Stationen in Richtung Soldau herangeführt würden. Gleichzeitig ließ ich in gleicher Richtung, aber weiter südlich längs der Südgrenze Ostpreußens über Strasburg alle noch irgendwie verfügbaren Kriegsbesatzungen aus den Weichselfestungen einschließlich Thorns – ein Teil befand sich schon bei dem verstärkten XX. A.K. – mit der Eisenbahn versammeln. Hier mußte eine starke Gruppe gebildet werden, mit der der Narew-Armee das Gesetz vorgeschrieben und sie dadurch von vornherein an einem weiten Vordringen nach Norden gehindert werden könnte, daß sie so weit südlich wie möglich angepackt würde.

In welchem Umfange und in welcher Richtung das Heranziehen von I.R. und XVII. A.K. zu der Entscheidungschlacht möglich war, war am 22. abends in Koblenz natürlich noch nicht zu übersehen. Letzteres hing sehr wesentlich von dem Verhalten der Njemen-Armee ab. Beide A.K. wurden auf meinen Wunsch am 23. in ihrem Rückmarsch angehalten, um den durch Märsche und Kämpfe stark ermüdeten Truppen Ruhe zu geben und sie hierdurch zu weiteren großen Anstrengungen zu befähigen, denn das Gelingen der Operation konnte von der Schnelligkeit der Bewegung abhängen, sobald sie einmal eingeleitet war.

Endlich ließ ich noch anordnen, daß das A.O.K. nicht bis Dirschau zurückgehen, sondern bereits in Marienburg das Hauptquartier errichten sollte, von wo aus es leicht an die Südgruppe herangeführt werden konnte.

Ich hatte die Genugtuung zu sehen, wie General v. Moltke sichtlich ruhiger wurde. Er dankte mir mit warmem Händedruck. Es war das letztemal, daß ich diesen von mir damals verehrten und doch so unglückseligen Mann sah. – Ich sprach ihn noch einmal telephonisch. Ich hatte nach der Schlacht an den Masurischen Seen, als das A.O.K. der 8. Armee sein Hauptquartier in Insterburg genommen hatte, am 14.9. die Mitteilung erhalten, ich wäre als Chef des Stabes zu einer bei Breslau aus zwei A.K. der 8. Armee zu bildenden „Südarmee" versetzt. Ich fragte General v. Moltke, warum man mich hier plötzlich abberufe. Er machte mir – ohne mir mitzuteilen, daß er die Operationen ja gar nicht mehr leite, sondern die Leitung General v. Falkenhayn übernommen habe – Mitteilungen von Vereinbarungen mit dem österreichisch-ungarischen A.O.K. Ich hörte diese mit Staunen und konnte General v. Moltke nur sagen, daß, wenn die beabsichtigten Operationen ausgeführt würden, die Hauptteile der 8. Armee zur Unterstützung der österreichisch-ungarischen Armee aus der Provinz Posen einzusetzen seien. Es war damals für mich bemerkenswert, daß General v. Hindenburg gegen diese Abberufung meiner Person nach den beiden, nach meinem Willen geleiteten, siegreichen Schlachten eigentlich nichts einzuwenden hatte. Doch mein Vorschlag wurde befolgt, die Hauptteile der 8. Armee wurden herangezogen, allerdings nicht in die Gegend von Posen, sondern viel zu weit südlich, so wie es ursprünglich geplant war. Das A.O.K. hatte damit die gleiche Zusammensetzung behalten. An den 14.9.1914 dachte ich am 26.10.1918, als mich der Kaiser verabschiedete, und General v. Hindenburg im Amte blieb. – Wie ich später noch im Großen Hauptquartier in Koblenz erfuhr, war ursprünglich geplant gewesen, nur die Stellung des Chefs des Generalstabes beim Ober-Kommando der 8. Armee neu zu besetzen. Hierzu hatte mich sofort General v. Moltke bestimmt. Erst später wurde dann der Entschluß gefaßt, auch

General v. Prittwitz abzuberufen. Die Wahl war auf General v. Hindenburg gefallen, der in Hannover als pensionierter Offizier lebte. Ich erfuhr erst kurz vor meiner Abreise um 9 Uhr abends, daß General v. Hindenburg den Ruf angenommen habe. Nach den Anstrengungen der mannigfachen Eindrücke des Tages, die so außerordentlich wechselreich und ernst waren, war mir das Alleinsein und die Ruhe im Eisenbahnabteil des Sonderzuges, der mich über Hannover nach dem Osten bringen sollte, eine Erholung. – Ich hatte mich auch in Koblenz bei dem Obersten Kriegsherrn, dem Kaiser, gemeldet, der sehr sorgenvoll über das Schicksal der Bevölkerung der Provinz Ostpreußen sprach, in der er so oft und gern geweilt hatte. Hier händigte nun auch der Chef des Militärkabinetts den Orden „Pour le mérite" aus, den mir der Kaiser als äußere Anerkennung für den Sturm auf Lüttich auf Wunsch des Generals v. Moltke verliehen hatte, während General v. Emmich, der Führer sämtlicher Angriffskolonnen auf Lüttich, den gleichen Orden sofort zugestellt erhalten hatte, war er mir vorenthalten worden. Das Militärkabinett hatte mir die Schwierigkeiten nicht vergessen, die ich dem Kriegsminister bei der Durchführung der von mir veranlaßten Heeresvorlage bereitet hatte, die das Volk durch die tatsächliche Einführung der allgemeinen Wehrpflicht retten sollte. Diese waren dem Militärkabinett bedeutungvoller erschienen als mein Streben, durch Durchführung der allgemeinen Wehrpflicht den Frieden zu erhalten oder Kriegslagen auszuschließen, wie sie durch Mangel an Truppen nur zu leicht eintreten können. Jetzt, nach meiner Berufung, glaubte das Militärkabinett seine ablehnende Haltung gegen mich nicht weiter durchführen zu können. Ich konnte nicht mehr „abgeschoben" werden, wie im Januar 1913. Ich war durch die Not der Kriegslage unentbehrlich geworden. Aber eine Bekämpfung meiner Person ging weiter. Die geplante Versetzung nach der Schlacht an den Masurischen Seen schlägt, wie anderes, hier hinein. In Koblenz machte sich der Kaiser zum Übermittler, er überreichte mir den Orden unmittelbar. – Ernst dachte ich über die mir zuteil gewordene Aufgabe nach und ich zweifelte nicht, daß ich sie lösen würde, falls ich ohne jede Einmischung die Operationen leiten könne. Es stand in mir fest, daß nur ein Kopf und ein Wille diese ernste Lage noch meistern

werde. Mit Spannung sah ich daher dem Zusammentreffen mit
dem Oberbefehlshaber entgegen, den ich bis dahin nicht kannte.
Ich traf mit ihm am 23.8. 4 Uhr früh auf dem Bahnhof in Hannover zusammen. Ich trug ihm im Zuge kurz meine Auffassung
der Lage und meine in Koblenz getroffenen Anordnungen vor
und konnte rasch erkennen, daß er meinem Kopf und meinem
Willen keine Schwierigkeiten bereiten würde. Nach der Unter-
redung legte ich mich in dem Bewußtsein schlafen, daß mir un-
eingeschränktes Betätigungfeld und alle Verantwortung bei Er-
füllung der mir gewordenen Aufgabe gesichert sei. Ich muß viele
Legenden zerstören. Als ich, ich glaube, es war im Jahre 1929,
gelegentlich meines Freiheitringens gegen die überstaatlichen
Mächte auch in Brome i.Han. sprach, führte in einer Rede der
dortige Bürgermeister aus, er wisse von seinem Verwandten, der
irgendwie mit dem Zuge etwas zu tun hatte, der mir damals zur
Verfügung gestellt war, daß ich dem General v. Hindenburg einen völligen Schlachtenplan vorgelegt hätte. Auch militärischer-
seits ist man mit solcher Behauptung hervorgetreten oder hat
einen solchen Plan dem General v. Hindenburg zugesprochen.
Das ist unrichtig. Ich schrieb in „Meine Kriegserinnerungen":

„Ein Aufmarsch kann und muß eine lange Zeit vorbereitet
sein. Die Schlachten im Stellungkriege erfordern etwas ähnli-
ches. Im Bewegungkriege und bei der Schlacht aus dem Bewegungkriege heraus wechseln die Bilder, die sich der Führer zu
machen hat, in bunter Reihenfolge. Da muß er sich nach seinem
Können entschließen. Das Soldatenhandwerk wird zur Kunst
und der Soldat zum Feldherrn."

Der Ernst der Lage und die auf mir lastende Verantwortung
ließen mich nur kurz ruhen. Endlos erschien mir die Fahrt nach
Marienburg, was würde ich dort vorfinden würde die russische
Njemen- Armee scharf gefolgt sein, hatte die russische Narew-
Armee Kräfte gegen das verstärkte XX. A.K. bereits eingesetzt,
wie würde dieses dem Angriff widerstanden haben, nachdem es
schon seit Kriegsbeginn im Grenzschutz und in unmittelbarer
Gefechtsberührung mit dem Feinde die Kräfte seiner Truppen
stark beansprucht hatte. Von der Widerstandskraft dieses Korps
hing so unendlich viel, ja die Möglichkeit, die Operation durch-
zuführen, ab. Es mußte überlegenen Feind abwehren und aus-

halten und durfte nur wenig nachgeben! Wurde es geschlagen bevor das I. A.K. und die weiteren Landwehrverstärkungen zur Stelle waren, so konnte in weiterer Folge die Narew-Armee auch das I. R. und XVII. A. K. gefährden, wenn diese zur Schlacht in scharf südwestlicher Richtung heranmarschierten, statt sie, wie General v. Prittwitz beabsichtigt hatte, weit nördlich ausholen zu lassen.

Endlich näherte sich der Zug Dirschau, langsam fuhr er über die lange Eisenbahnbrücke über die Weichsel. Dann sah ich zur Rechten das Ordensschloß des Deutsch-Ritter-Ordens auftauchen, nach dem Marienburg seinen Namen erhalten hat. Verschiedentlich hatte ich im Frieden das Ordensschloß betrachtet und über das Schicksal des Ritter-Ordens nachgedacht. Hatte er doch in der Schlacht bei Tannenberg 1410 das Land östlich der Weichsel dem Einfluß der Polen überlassen müssen. Deutsche Kraft war auf jenem Schlachtfelde dem Slawen unterlegen. Mir war damals noch nicht bewußt, daß dieser Ritterorden zur Befestigung der Macht des römischen Papstes in jenem Gebiet östlich der Weichsel, das ich jetzt aus Feindeshand retten wollte, sehr wesentlich Deutsches Heidentum vernichtet hatte, um mit römischgläubigen Deutschblütigen Siedlern das Land dem römischen Papst untertan zu machen. Ich dachte nur an jene Schlacht, die ja in der gleichen Gegend stattgefunden hatte, in der ich die Schlacht gegen die Narew-Armee des Generals Samsonow schlagen wollte. Diesmal sollte das Deutsche Schwert den Slawen treffen und das Land östlich der Weichsel Deutschland erhalten bleiben. – Ich bemerke ausdrücklich, daß mir damals alle die Zusammenhänge, die ich später in dem Treiben der überstaatlichen Mächte erkannte, völlig fremd waren. Ich sah in dem Russen den Feind, der uns vernichten wollte. Diesem Feinde galt mein ganzer militärischer Zorn. Ich erkannte erst später, wie die überstaatlichen Mächte das russische Volk gegen uns gehetzt hatten, um beide Völker vernichtend zu treffen. Ich habe mich hierüber oft genug und zuletzt in „Wie der Weltkrieg 1914 ‚gemacht‘ wurde" deutlich ausgesprochen. –

Gegen 2 Uhr fuhr der Zug in den Bahnhof Marienburg ein. Die Generalstabsoffiziere des A.O.K. meldeten sich. Die Stimmung war gedrückt. Die Offiziere des A.O.K. standen noch voll unter dem Eindruck der verhängnisvollen Schlacht von Gumbinnen, des erzwungenen Rückzuges und der Gefahren, die namentlich die Narew-Armee zeitigen konnte, welch andere Stimmung herrschte hier als bei dem A.O.K. der 2. Armee, das ich 24 Stunden vorher aus der weitausholenden Angriffsbewegung im Westen verlassen hatte. Unwillkürlich dachte ich daran und hatte Mitgefühl mit meinen Kameraden, die hier in eine so überaus schwierige Kriegslage schon durch die Aufmarschanweisungen gestellt waren. Daß ich von einem A.O.K. gegangen war, das etwa 14 Tage später in der Marneschlacht am 8. und 9.9. so völlig versagen sollte und in ein ungleich tieferes Gedrücktsein herabsank, konnte ich nicht ahnen. Ich hatte die Genugtuung, daß sich die Stimmung sehr bald hob, als die Offiziere meine sichere Führung erkannten. Viele waren mir ja aus der Friedenstätigkeit sehr nahe bekannt und von mir geschätzt. Ich ließ mir von Oberstleutnant Hoffmann sofort die Lage vortragen. Die Njemen-Armee war wesentlich nicht weiter gefolgt. Das XX. A.K. stand in einem noch nicht entschiedenen Kampfe mit überlegenen Kräften, die östlich um seine Stellung herumgriffen. Der Abtransport des I. A.K. war auf recht erhebliche, technische Schwierigkeiten gestoßen. Damit mußte seine Versammlung südöstlich Deutsch-Eylau auf oder hinter dem rechten Flügel des XX. A.K. sich erheblich verzögern. In Richtung Strasburg und darüber hinaus nach Osten waren Landwehrtruppen etwa in Stärke einer Brigade unter General v. Mülmann in Versammlung. Bei Allenstein war die 3. R. ausgeladen. In dieser Lage war es mir schon möglich, neue Entschließungen zu fassen. Sie gingen dahin, alle ausgeladenen Teile der Landwehr-Brigade Mülmann und des I. A.K. unverzüglich möglichst weit in Richtung Usdau–Soldau vorzuschieben.

Das verstärkte XX. A.K., dem nun auch die 3. R. unterstellt wurde, sollte mit seinen Kräften haushalten, d.h. es konnte nach Nordwesten ausweichen, falls es durch Umfassung seines linken Flügels dazu veranlaßt wurde.

Das I. R. und das XVII. A.K. erhielten Weisung, zunächst den Rückmarsch in südwestlicher Richtung etwa aus Allenstein fortzusetzen, gedeckt durch die I. K.D., die neben der Kriegsbesatzung von Königsberg der Njemen-Armee gegenüber belassen

38

wurde. Daneben wurden von der Etappen-Inspektion der Armee noch 2 bis 3 Landsturm-Bataillone in den Raum Allenstein, Königsberg, Elbing, Deutsch-Eylau geschoben, die sich weit in jenem Gebiet verteilten, um feindliche Kavallerie-Patrouillen örtlich abzuwehren.

Das Werk des Reichsarchivs „Die Befreiung Ostpreußens" – (Ich folge auch weiter diesem Werke, bemerke indes, wie ich schon ausgeführt habe, daß ich damals nicht alles wußte, sowohl über die Lage bei den eigenen Truppen, wie über die beim Feinde, was in dem Werke steht. Meine Eindrücke von damals werden andere gewesen sein, als die vom Reichsarchiv niedergelegten Tatsachen, soweit sie auch auf eingehendem Quellenstudium beruhen. Das ist mir bei dem jetzigen Durchlesen besonders klar geworden. Das liegt aber im Wesen aller nachträglichen kriegsgeschichtlichen Darstellungen. Gutes zu geben, hat sich das Reichsarchiv gewiß im höchsten Maße bemüht, wenn es auch die Verhältnisse beim A.O.K. oft in der üblichen Rangabstufung schildert, was in späteren Teilen des Kriegswerkes noch mehr in Erscheinung tritt. In den Skizzen hielt ich mich an dasselbe) – schreibt über die Anordnungen:

„(Sie) setzten fast die gesamten östlich der Weichsel verfügbaren Streitkräfte, soweit sie für eine Verwendung im freien Felde nur irgendwie in Frage kamen, zum Angriff auf die Narew-Armee in Bewegung. Zum 26. August sollten sie, wie am 23. abends der Obersten Heeresleitung gemeldet wurde, ,beim XX. Armeekorps zum umfassenden Angriff' vereinigt werden, 11 ½ Divisionen Infanterie sollten zur Entscheidungschlacht heranrücken, nur 1 ½ Divisionen (Hauptreserve Königsberg mit 2. Landwehrbrigade) und die 1. Kavallerie-Division die Njemen-Armee abwehren."

Es war ein Entschluß von unerhörter Kühnheit, gegenüber der siegreichen Armee Rennenkampfs nur so geringe Kräfte zu lassen, aber es war die einzige Möglichkeit, Ostpreußen zu retten, wie die weitere Ausführung war, hing nicht nur vom eigenen Willen, sondern auch vom feindlichen Willen ab, der sich meinem Willen zu beugen noch nicht gezwungen war. Ich hoffte ja, Rennenkampf würde die völlig veränderte Kriegsführung nicht so schnell erkennen, er hatte auch im japanisch-russischen

Kriege nur zögernd geführt, aber es galt trotzdem noch andere Möglichkeiten als den Sieg über die Narew-Armee in Betracht zu ziehen. Das Reichsarchivwerk fährt fort:

„Und doch ließ das neue Oberkommando auch bei größter Kühnheit des Angriffsplanes die nötige Vorsicht nicht außer acht. So wurde gleichzeitig die Frage erwogen, was geschehen solle, wenn der Schlag gegen die Narew-Armee mißlang. Auch dann wollte man versuchen, sich östlich der Weichsel zu behaupten, die Stromübergänge sollten für das Eingreifen der später von Westen erwarteten Kräfte offengehalten werden. Dazu bekam der General der Pioniere den Auftrag, schon jetzt eine Stellung in der allgemeinen Linie Graudenz–Deutsch-Eylau–Elbing zu erkunden. Für den Ausbau wurden Zivilarbeiter in Aussicht genommen."

So der Hergang! wenn der „Sieger von Tannenberg" Oberstleutnant Hoffmann allerdings erst, nachdem die Schlacht siegreich geschlagen war, vor anderen zunächst schüchtern und dann fortschreitend immer kühner behauptete, „er habe das ja alles gewollt, er hätte es zum Teil noch angeordnet", so ist das völlig unzutreffend. Er hat das nach seinem damaligen Bericht nicht gewollt noch angeordnet. Das frühere A.O.K. hatte wohl nur ein Anhalten von I. R. und XVII. A.K. hinter der Passarge in Aussicht genommen, wenn nun auch gar General von Prittwitz zu meiner Herabsetzung Verteidiger findet und er selbst sich nicht scheute, auszusprechen, die einleitende Bewegung zur Schlacht von Tannenberg irgendwie beeinflußt zu haben, so ist das eine wertere Ungeheuerlichkeit. Vielleicht werden Kriegsgeschichteforscher, die das zu berichten wagen, auch behaupten, seine Niederlage bei Gumbinnen wäre verdienstvoll, weil aus ihr ja sich der Rückmarsch des XVII. A.K. und I.R. und damit ihr späteres Eingreifen in der Schlacht von Tannenberg möglich geworden wären, wohin mögen alle diese Geschichteforscher noch kommen! Natürlich riefen die Weisung über den Wechsel im A.O.K. und meine ersten Anordnungen aus Koblenz andere An¬schauungen hervor! Darin liegt wohl „des Pudels Kern"!

Im Hauptquartier in Marienburg ließ ich mir, nach Feststellung der ersten Weisungen an die Truppen, von Oberstleutnant Hoffmann auch näheren Vortrag über die Vorgänge in Ostpreußen bis zur Schlacht von Gumbinnen und über diese selbst halten, um mir ein Bild von den Leistungen von Führern und Truppen zu machen, mit denen ich sehr wesentlich zu rechnen hatte. Aus dem Vortrag ergab sich ein eigenmächtiges und ein im kleinen und großen taktisch widersinniges Verhalten des Generals v. François, Kommandierenden Generals I. A.K. Das genannte Werk des Reichsarchivs schildert es richtig. Er hatte auf den Wasserturm der russischen Grenzeisenbahnstation östlich Gumbinnen der Eisenbahn Gumbinnen–Kowno sinnlos viel wertvolle Artillerie-Munition verschossen. Er hatte das A.O.K. der Armee über sein Handeln im Unklaren gelassen, vornehmlich aber in der Schlacht von Gumbinnen seinen siegreichen linken Flügel angehalten, während, wohl auf seine Mitteilung hin, das XVII. A.K. unter General v. Mackensen den Angriff auf die russische Stellung übereilt durchgeführt hatte, was schwere Verluste für das XVII. A.K. zur Folge hatte. Das I.R. unter General v. Below, der als besonders befähigter Offizier galt und diesem Ruf auch später Ehre machte, und die 3. R. unter General v. Morgen, einem frisch zugreifenden General, waren nicht voll zum Einsatz gekommen. Ob die Ansicht des Oberstleutnant Hoffmann richtig gewesen ist, daß die Schlacht am nächsten Tage erfolgreich hätte durchgeführt werden können, ist heute nicht zu entscheiden. Schlachten auf dem Papier sind leichter zu gewinnen als Schlachten in der Wirklichkeit mit ihren so zahlreichen Friktionen, d.h. vielen Unwägbarkeiten und Mißverständnissen und dem Handeln im Drange des Augenblicks nicht nur an einer, sondern an vielen Stellen.

Das Einstellen des Angriffs und der Rückzug hatte noch bei der I.K.D. die ernste Lage gezeigt, daß sie, die weit um den rechten Flügel der Njemen-Armee am 20. herumgegriffen hatte, nun völlig die Verbindung mit der zurückgehenden Armee verlor, so daß das A.O.K. tagelang in ernster Sorge um das Schicksal dieser K.D. gewesen war. Bei meinem Eintreffen in Marienburg hatte sie sich bereits wieder in großen Märschen an den linken Flügel der Armee herangezogen gehabt.

Die Generale v. Mackensen und v. Scholtz waren mir persönlich als Führer bekannt. Ich schätzte beide Generale.

Die Vorträge, die ich entgegengenommen hatte, und meine eigenen Kenntnisse der führenden Persönlichkeiten gaben mir ein Bild, was ich von Führern und Truppen zu erwarten hatte, wußte ich doch, daß die preußischen Armeekorps auf voller Höhe ihrer Ausbildung standen. Es war die Frage, ob ihr Wert durch die abgebrochene Schlacht Einbuße erlitten hatte. Zweifelhaft blieb mir auch, was von Reserve- und Landwehr-Formationen im Kampf zu erwarten sei, die namentlich mit Artillerie so außerordentlich schlecht ausgerüstet waren und über vieles, wie über Feldküchen, nicht verfügten, mit denen die Infanterie der Armeekorps bereits ausgerüstet war. Ich hoffte indes, und meine Erwartungen haben mich nicht getäuscht, daß Reservetruppen und Landwehr, zumal sie hier für die Rettung ihrer Angehörigen von Feindesgefahr kämpften, bei der guten drei- und zweijährigen Dienstzeit, die sie genossen hatten, sich gut schlagen würden.

Die russische Armee galt als gut, nur als etwas schwerfällig, das kam einer schnelle Entscheidung suchenden Kriegs- und Schlachtenführung zugute, die zudem auf die russische Führung überraschend wirken mußte. Hier sei gleich eingefügt, daß das russische A.K. an Infanterie stärker war als ein Deutsches. Die Geschützzahl war annähernd die gleiche, bei dem russischen etwas geringer. Der Wert der russischen Armee wurde hoch eingeschätzt.

Der 24. und 25. 8. 1914

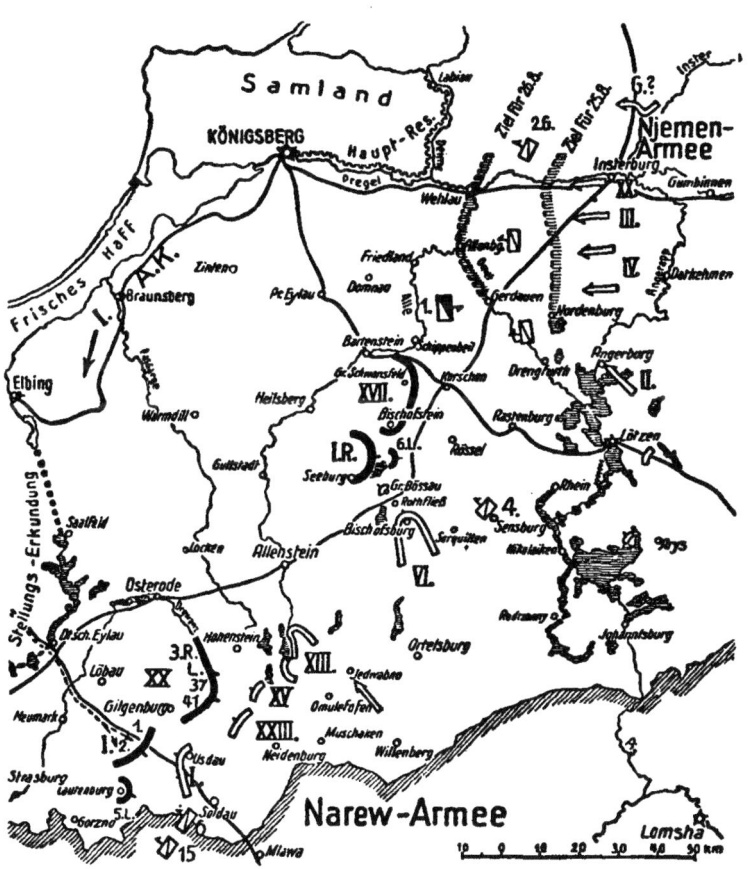

Skizze 2

Zeichen:

🚩 1. = 1. Kav.-Div.   ▬ Deutsche.   ⇌ ⇧ Russen.

Beispiel einer Rechtsstaffelung im Angriff: ⇒

Es war selbstverständlich, daß am 24.8. das A.O.K. näher an die Südgruppe, d.h. an den sich dort bildenden Schwerpunkt der Armee, verlegt wurde. Es ging nicht gleich nach Deutsch-Eylau oder Löbau, die durch die ausgeladenen Truppen des I. A.K. voll beansprucht waren, sondern für den 24. und 25. nach Riesenburg (Skizze 1) und erst am 26. nach Löbau, um nun auch der kämpfenden Front nahe zu sein. Der Kommandierende General des XX. A.K., von Scholtz, hatte seinen Gefechtsstand in Tannenberg. Sein Korps stand nicht mehr ganz so, wie in Skizze 1 angegeben, sondern bereits mit der Front halb nach Süden, auf seinem linken Flügel zurückgebogen; der Weg nach Tannenberg führte über schönes Deutsches Land durch Scharen von Flüchtlingen aus der Bevölkerung. Die Straßen waren mit Wagen und Fußgängern bedeckt. Die Wagen waren mit Hausgeräte aller Art beladen, auf ihnen hockten Frauen und Kinder. Müde gingen die Männer einher, müde waren die Zugtiere. Trotz dieser vielen flüchtigen Massen auf den Straßen waren bereits viele Flüchtlinge aus Ostpreußen damals mitten im Reich eingetroffen, in Sonderheit war wehrtaugliche Jugend dorthin geführt, auch der reiche pferdebestand der Provinz teilweise dorthin gefahren worden. Die Not des Krieges im eigenen Lande empfand ich auf jedem Kilometer mehr, mit dem wir uns Tannenberg näherten. Gleiche Bilder drängten sich bei den Fahrten zur Front in den folgenden Tagen in ebensolcher Schärfe auf. Ich sah dabei auch die Gefahren, die für die kämpfende Truppe, die ja hinter sich auch einen ungeheuren Wagentroß hatte, durch die Ansammlung der Flüchtlinge in ihrem Rücken entstehen konnte. Ich schrieb in „Meine Kriegserinnerungen":

„Sie zählten viele Tausende, waren zu Fuß und zu Wagen und sperrten die Straßen. Sie klebten an der Truppe. Ein plötzlicher Rückzug der Armee-Gruppe (v. Scholtz) hätte die schmerzlichsten Folgen für die Flüchtlinge und die Truppen haben müssen. Aber es war nicht zu ändern. Die wenigen Gendarme genügten nicht, die Masse zu leiten. Man mußte sie gewähren lassen. Viel traurige Bilder sind mir haften geblieben."

Vielleicht werden die „Militärkritiker" mir diesen Satz wieder dahin auslegen, ich hätte meine Nerven ja doch verloren. Dabei will ich ihnen indes erzählen, daß ich bei dem Vormarsch in Südpolen, den ich bereits erwähnte, die von uns wieder hergestellten Eisenbahnen gleich wieder für eine Zerstörung einrichten ließ, was sich nachher ja auch so außerordentlich bewährt hat. Ja, ich scheute mich auch so nicht, die Eisenbahn Allenstein–Insterburg jetzt zerstören zu lassen, was nach dem Siege kam, war dann eine andere Sorge.

Das Schwere, das der Krieg für ein Volk bringen kann, hatte ich sowohl in Belgien, wie jetzt in Ostpreußen zur Genüge kennen gelernt. Dort war es vornehmlich die Schuld des völkerrechtswidrigen Freischärlerkrieges neben Kampfhandlungen, die diese Not verursachte. In Ostpreußen war es die Sorge vor Russengreuel. Hierbei muß ich aber betonen, daß bei dem Russeneinfall im August 1914 die russische Truppe musterhafte Ordnung bewahrte. Mir sind Fälle bekannt, in denen Offiziere die Weinkeller und Speisevorräte auf Gütern bewachen ließen. Nur Kosaken werden Greueltaten nachgesagt.

In Tannenberg eingetroffen, wurde mit General v. Scholtz die Gesamtlage besprochen. Ich machte ihm Mitteilung von der Aufgabe, die seinem A.K. zufiel, nämlich den Feind aufzuhalten, bis die mit der Eisenbahn und durch Märsche herangeführten Truppen zum Eingreifen bereit wären. Ein gewisses Zurückweichen des Korps in nordwestlicher Richtung wäre möglich. Er machte Mitteilung von dem mühevollen Grenzschutzdienst und den Grenzschutzkämpfen in der ersten Augusthälfte, dann über das Anrücken der Narew-Armee, über das Zusammenziehen seiner Truppen gegen sie und nun über den Stand der nördlich Neidenburg im Gange befindlichen heftigen Kämpfe gegen seinen linken Flügel, namentlich die 37. I.D. (Infanterie-Division), deren Lage er als ernst ansprach, wenn er auch überzeugt war, daß die Truppe die neue Stellung halten würde. Er begrüßte den Hinweis, daß ein Ausweichen des Armeekorps durchaus im Sinne der Operationen lag. Er war sich dabei bewußt, daß dies Ausweichen aber nur ein beschränktes sein durfte, und auch der

im Gange befindliche Kampf in Rücksicht auf die anmarschie-
renden A.K., I. R. und XVII., nicht zu früh abzubrechen war.

Die Lage gestaltete sich alsdann derartig, daß das verstärkte
XX. A.K. wegen fortschreitender Bedrohung seiner linken Flanke am 24. nach und nach in die (in Skizze 2) angegebene Stellung, allerdings unter einer gewissen Einbuße an Kampfkraft,
zurückgenommen wurde. Hier sah jetzt der Kommandierende
General mit ernster Sorge einem überlegenen, wenn zunächst
auch nur frontalen russischen Angriff am 25. entgegen. Die Sorge des Generals v. Scholtz, die ich im vollen Umfange teilte, war
um so berechtigter, als immer wieder bei dem Eisenbahntrans-
port des I.A.K. Störungen eingetreten waren, die sein Eintreffen
auf dem rechten Flügel des verstärkten XX. A.K. und so dessen
wirkungvolle Unterstützung verzögerten. (Auf Einzelheiten
kann ich nicht eingehen, da es sich hier nur um eine kurze, volkstümliche und belehrende Darstellung handelt.) Das A.K. müsse
sich „bis zum letzten Mann" halten, sagte ich ihm.

Am 25. vormittags begaben wir uns auf den Gefechtsstand
des Kommandierenden Generals des I. A.K., General v. François. Dieser war schon am 23. abends im Hauptquartier in Marienburg gewesen und hatte dort die ersten Anweisungen für den
Aufmarsch seines A.K. erhalten. Er war mir vom Frieden her bekannt. Das Bild, das Oberstleutnant Hoffmann mir von seinem
Handeln gegeben hatte, hatte mich weiter nicht überrascht. Ich
war darum entschlossen, irgendwelche Eigenwilligkeiten nicht
aufkommen zu lassen. Das I. A.K. sollte am 26. früh zum Angriff gemeinsam mit den nördlich davon stehenden Deutschen
Truppen eingesetzt werden. Es galt also, General v. François
bestimmte Weisungen zu geben. Aus den Nachrichten, die über
die Narew-Armee im Laufe des 24. eingegangen waren, war festgestellt, daß das russische I. A.K. bei Usdau und südlich links
abseits von den übrigen Teilen seiner Armee gehalten war. Diese
Auffassung war bestätigt worden durch einen aufgefangenen, in
russischer Sprache abgefaßten Funkspruch des A.O.K. der Narew-Armee, aus dem ihr beabsichtigter Vormarsch für den 25.
gegen die Linie Allenstein–Osterode hervorging. Die in Skizze
2 angegebenen russischen Truppeneinzeichnungen geben die
Stellung des I.A.K. und des XV., XXIII., XIII. A.K. im allgemei-

nen richtig wieder. Nur war nach dem russischen Armeebefehl die Front dieser A.K. ausgesprochen nach Norden gerichtet. Es war natürlich, daß sie indes die Front mehr gegen das verstärkte XX. A.K. genommen hatten. Die russische Armee war so in ein unübersichtliches Waldgelände geführt worden, das uns den Einblick in ihre Bewegungen ebenso erschwerte, wie ihre Führung durch ihre A.O.K. Warm begrüßte ich das Auffangen dieses Funkspruches. (Dieser Funkspruch war in russischer Sprache gegeben, im allgemeinen wurde chiffriert gefunkt; im Laufe des Krieges bildete sich das Entziffern von Funksprüchen und Telegrammen zu einer völligen Wissenschaft aus.) Besonders wichtig war für mich und für die bevorstehende Besprechung mit General v. François, daß auch durch diesen Befehl eine Lücke zwischen dem russischen I. und dem russischen XXIII. A.K. bestätigt wurde. Hier sei angeführt, daß ein Teil des XXIII. A.K. sich allerdings nicht, wie nach der Skizze 2 angenommen, in der Front der Narew-Armee, sondern tatsächlich hinter dem russischen I.A.K. befand und noch an dieses mit der Bahn auf Mlawa herangefahren wurde.

Diese Lücke war nun für die Durchführung der Schlacht von größter strategischer Bedeutung.

Graf Schlieffen hatte den Generalstab auf Umfassung erzogen. Zu einer Umfassung des russischen Südflügels aber reichten die Deutschen Kräfte an dieser Stelle nicht aus, ganz abgesehen davon, daß zu einer wirklich wirkungvollen Umfassung die Kräfte auch bereits in viel zu enger Fühlung standen. Es wäre nach den hier vorliegenden örtlichen, taktischen Verhältnissen nicht einmal eine solche Umfassung herausgekommen, sondern allein ein Anlaufen auf eine Front. Hierzu kam, daß mit der Heranführung von Verstärkungen mit der Bahn über Mlawa von Warschau her gerechnet werden mußte, die diesen Angriff jederzeit flankieren konnten. Meldungen über einen erhöhten Eisenbahnbetrieb lagen ja auch vor. Eine Umfassung, welcher Art sie auch war, hätte sich also nie wirklich auswirken können. Es ergab sich also die Notwendigkeit, von dem Umfassunggedanken Abstand zu nehmen und General v. François aufzugeben, den Feind nach Süden über den tief eingeschnittenen Abschnitt zwischen Soldau und Neidenburg zurückzuwerfen und dann die

Hauptkräfte des A.K. auf und über Neidenburg, also tief in die feindliche Vormarschrichtung vorzuführen.

Natürlich mußte angestrebt werden, daß der östlich Usdau in der Luft hängende rechte Flügel des russischen I. A.K. taktisch umfaßt würde. Es hatten sich also preußische Truppen in die Lücke zwischen dem russischen I. und XXIII. A.K. zu schieben und nun derartig zu wirken, daß dieser rechte Flügel des russischen I. A.K. durch Artillerie und Infanterie taktisch umfassend angegriffen oder umgangen würde. wie im einzelnen sich das zu gestalten hätte, ergab sich dann aus der Lage bei Beginn und Weiterführung des Angriffs. Es hatte nur von vorneherein der Kommandierende General des I. A.K. hierauf Bedacht zu nehmen. Die taktische Umfassung des rechten Flügels des russischen I.A.K. östlich Usdau, richtig geleitet, mußte jedenfalls eine schwere Niederlage des russischen I. A.K. und seiner etwaigen Verstärkungen, die ich aber nicht mehr als entscheidende ansprach, im Gefolge haben.

Diesen Auftrag teilte ich mit meinen Anschauungen über den Durchbruch der feindlichen Armeefront dem Kommandierenden General des I. A.K., General v. François, auf seinem Gefechtsstand mit. Er vermochte sich nicht in die Gedankengänge hineinzufinden, sondern wollte in seinen schematischen Gedankengängen an einer Umfassung in Richtung Soldau festhalten, was unsere Niederlage hätte bedeuten müssen. Er meinte, allerdings nicht mit Unrecht, dann bliebe ja bei seinem Weitermarsch aus Neidenburg der abgedrängte Feind in seiner rechten Flanke. Dagegen erklärte ich ihm, um so tatkräftiger müsse der Angriff von Norden nach Süden geführt und der Russe über den tiefeingeschnittenen Abschnitt bei Soldau geworfen werden, aus der Unsicherheit, von Warschau her neue Kräfte austreten zu sehen, kämen wir nie heraus. Mit dieser Unsicherheit wäre zu rechnen. Auch von solchen Erwägungen wollte er nichts wissen. Es war für ihn schwer, sich zu fügen und andere Gedanken anzunehmen. Die Kommandierenden Generale hatten zudem im Frieden eine so außerordentlich selbständige Stellung und sahen sich so als „Herren" ihres Bezirkes an, daß sie Einordnung und Unterordnung nicht mehr gewohnt waren. – Der Gedanke einer taktischen Umfassung von Teilen einer Gefechtsfront war im Generalstabe wenig gepflegt worden, man liebte dort „Strategie" zu treiben. Ich nahm noch im Herbst 1914 Anlaß, darauf hinzuweisen, damit Gefechte unblutiger verlaufen. Ein Kommandierender General I. A.K. sagte einst bei einer Manöver-Besprechung zu einem Divisions-Kommandeur, der viel zur Begründung seiner Maßnahmen mit dem Worte „Strategie" arbeitete: „Seine Majestät hält sich nur einen Strategen, der aber sind weder Sie, noch ich." Dieser Kommandierende General hat dem Wesen nach das Richtige gedacht. Das „Strategie-Treiben" hat nur zu oft zu einem zuweilen auch recht nachträglichen Mit-der-Hand-über-die-Karte-fahren geführt, was noch lange nicht Feldherrntum ist. –

Doch das half alles nichts, Hohes stand auf dem Spiel. Ich wies General v. François bestimmt darauf hin, daß er sich nach den Weisungen zu richten habe. Endlich griff auch General v. Hindenburg ein, der den General v. François anwies, er habe den gegebenen Weisungen zu folgen. Er hätte mir wohl auch von vorneherein gefolgt, wenn ich tatsächlicher Oberbefehlshaber gewesen wäre. Immerhin war mir klar geworden, daß von ihm weiter Schwierigkeiten für die Gefechtsführung zu erwarten wären. Diese Annahme fand eine weitere Bestätigung darin, daß er sich immer wieder dagegen sträubte, am 26. früh mit dem Angriff auf die Russen zu beginnen. Es handelte sich zunächst nur darum, eine über die Hauptstellung bei Usdau etwa 9 Kilometer nach Nordwesten und Westen vorgeschobene Vorstellung zu nehmen, wonach erst der Angriff auf Usdau selbst möglich war. Die Russen liebten nämlich vor ihrer Hauptstellung sogenannte Vorstellungen zu beziehen, die sie aber im allgemeinen nur ganz schwach besetzten. Sie wollten dadurch den Gegner zu frühzeitiger Entwicklung und damit zu Zeitverlusten zwingen. Selbst Hinweise hierauf und auf die gesamte strategische Lage, die ein schnelles Handeln forderte, vermochten den General v. François nicht zu überzeugen. Er hatte sich in die wenig glückliche Lage versetzt, richtige Weisungen gegen seine eigene Überzeugung ausführen zu müssen. So glaubte ich, doch ich sollte mich täuschen.

Ich begab mich noch, wenigstens ist es so in meiner Erinnerung, zum Generalkommando des XX. A.K., um mich über die

50

Lage bei ihm zu unterrichten. Jedenfalls nahm ich die unmittelbare Verbindung mit ihm auf. Der Feind hatte am 25. nicht angegriffen. Das war eine sehr wesentliche, wie ich hoffte, entscheidende Entlastung. Der aufgefangene russische Funkspruch hatte die Besorgnisse, die ich gehegt hatte, völlig zerstreut.

General v. Scholtz sah seine Lage auch ruhiger an, doch hegte er Sorge, ob die Landwehr inmitten seiner Front einen feindlichen Angriff aushalten würde, und um seinen linken Flügel, der ja auch tatsächlich vom russischen XIII. A.K. umfaßt werden konnte, zumal wir ja damals noch glaubten, daß das gesamte russische XXIII. A.K. in der Front der Narew-Armee und nicht teilweise, wie es der Fall war, auf dem linken Flügel eingesetzt war. In der weiteren Folge konnte ich an dieser Stelle, wenigstens für die kommenden Tage, für eine Entlastung der Lage durch das Eintreffen der L.D. (Landwehr-Division) des Generals v. d. Goltz sorgen. Die Oberste Heeresleitung hatte sie der 8. Armee zur Verfügung gestellt. Sie war bisher in Schleswig-Holstein versammelt gewesen, da, nach den noch im Frieden vorliegenden Nachrichten, die Landung der englischen Armee an der Westküste Jütlands und damit eine Bedrohung des Nordostseekanals als nicht unmöglich angesehen worden war. Als nun die englische Armee auf der Westfront auf dem linken Flügel der französischen Armee festgestellt wurde, war die L.D. v. d. Goltz in Schleswig-Holstein verfügbar geworden, sie konnte in schneller Zugfolge – d.h. die Militär-Züge von 100 Achsen fahren in etwa halbstündigem Abstand; ein Zug nahm z.B. ein Bataillon auf – vom 27. abends ab bei der 8. Armee eintreffen. Ich nahm ihre Ausladung in Osterode und hart östlich in Aussicht, nachdem ich zuerst an eine Ausladung bei Strasburg auf dem Südflügel der Armee gedacht hatte. Doch hegte ich in dieser Richtung keine wesentlichen Besorgnisse mehr, erwartete ich doch, daß der Angriff des Generals v. François auf Usdau bereits die Entscheidung daselbst für die nächsten Tage gebracht haben würde.

Nach den Besprechungen kehrte ich nach Riesenburg zurück. Hier gewann ich nun auch einen weiteren Überblick über die Lage bei dem I.R., dem XVII. A.K. und der 1.K.D. Sie ist in Skizze 2 eingetragen. Hier ist auch die 6. Landwehr-Brigade aufgeführt, die bisher bei Lötzen gestanden und den Befehl erhalten hatte, nach Westen abzumarschieren. Vor dieser Gruppe war nun das auf dem rechten Flügel der Narew-Armee vormarschierende VI. A.K. und die 4. K.D. eingetroffen, während die Njemen-Armee am 25. die Höhe von Nordenburg und nördlich mit Kavallerie den Omet und die Alle (s. Skizze 3) erreicht hatte. Sie war also nur langsam gefolgt. Meine Erwartungen hatten sich erfüllt.

In dieser Lage galt es nun am 25. abends weitere Entschließungen zu fassen.

Der Entschluß war der Befehl zum Angriff zur Herbeiführung der Schlachtentscheidung.

Ich schrieb den Angriffsbefehl persönlich. Er ging dahin, daß das I. A.K. sich 4 Uhr morgens in den Besitz der Vorstellung bei Seeben zu setzen und darauf zum Angriff auf Usdau zu schreiten habe, und zwar sollte es seinen rechten Flügel rechtsstaffeln, d.h. zurückhalten, damit dieser Flügel nicht gegen die dort befindliche russische Front anliefe und bei Bedrohung von Süden leicht die Front dorthin nehmen könne. Die 5. L. blieb dem I. A.K. unterstellt. Das XX. A.K. sollte sich zunächst von seinem rechten Flügel her und dann auf der ganzen Front auch mit der 3. R. dem Angriff anschließen. Bis dahin hätte es etwaigen feindlichen Angriffen Widerstand zu leisten.

I. R., XVII. A.K. und 6. L. hatten das russische VI. A.K. und die 4. K.D. zu schlagen. Es wäre hier richtiger gewesen, einen gemeinsamen Oberbefehl über beide A.K. zu bilden. Aus Gründen, die in der Persönlichkeit der Kommandierenden Generale lagen, wurde indes hiervon Abstand genommen. Auch war nicht zu übersehen, welche Aufgaben schon morgen den Armeekorps zu geben wären. Für diesen Angriff war es nötig, beide Armeekorps aus ihrer bisherigen Marschrichtung auf Allenstein scharf nach Süden zu drehen. Das erhöhte naturgemäß die Gefahren für sie, falls die Njemen-Armee marschierte, aber das war in Kauf zu nehmen, ebenso der Übelstand, daß sich die Armeekorps von ihren Kolonnen und Trains, die nordwestlich Allenstein waren, weit trennten und dadurch auch nur für kurze Kampfhandlungen befähigt waren. Doch diese kamen ja auch nur für sie in weiterer Folge in Betracht. Daß durch diesen Angriff die feindlichen Armeeführer, sobald sie von ihm erfuhren, die völlig veränderte Kriegführung und Kriegslage in Ostpreußen erkennen könnten, ja wohl auch müßten, war ein nicht zu beseitigender Übelstand. Um so mehr drängte ich, daß am 26.8. der Angriff des I. und XX. A.K. begonnen wurde. Er mußte nur um so tatkräftiger geführt werden, um recht bald die Schlachtentscheidung gegen die Narew-Armee zu erlangen und Gefahrzeiten abzukürzen. Ich hoffte ja auch, die Kommandierenden Generale I. und XX. A.K. von der Notwendigkeit schnellen Handelns und tatkräftiger Angriffsführung überzeugt zu haben.

Ich weiß nicht, ob sich diese Befehle, die ich hier nach den Angaben des Reichsarchivs wiedergebe, in dem Kriegstagebuch des A.O.K. der 8. Armee wiederfinden; meine Zeit war derart in Anspruch genommen, daß ich mich um die Führung dieses Kriegstagebuches nicht bekümmert habe, nicht beim A.O.K., nicht als Chef des Generalstabes des Oberbefehlshabers Ost, nicht als Erster Generalquartiermeister der Obersten Heeresleitung. Ich überließ das den nachgeordneten, hierfür verantwortlichen Offizieren. Ich dachte nicht an kommende Geschichteschreibung, mir kam es auf Taten an! Ich hatte den Befehl, wie gesagt, selbst geschrieben. Aus welchen ernsten Gründen ich das später nicht mehr getan, sondern die Befehle Oberstleutnant Hoffmann diktiert habe, habe ich in den erwähnten Abhandlungen in „Ludendorffs Volkswarte" im Frühjahr 1930 – ausdrücklich noch zu Lebzeiten des Oberbefehlshabers – festgestellt.

Nach dem Diktat an Oberstleutnant Hoffmann ließ ich mir von ihm den Befehl nochmals vorlesen. Nur in dringenden Fällen entwarf er selbst einmal den Befehl, der die von mir angeordneten Weisungen zur Tat umsetzen sollte. Ich ließ ihn mir aber vorlesen. Ich berichtigte ihn, oder wies an, wie er nötigenfalls zu ergänzen sei. Nur selten, wenn die Zeit zur Absendung des Befehls drängte, verzichtete ich einmal auf ein nochmaliges Vorlesen desselben vor Abgang.

Die Versendung der Befehle überließ ich im allgemeinen Oberstleutnant Hoffmann. Hierbei stellte sich die Herstellung der Verbindung mit dem I. R. und dem XVII. A.K. und der 1. K.D. als ungemein schwierig heraus. Für die Absendung der Befehle mußten oft kurze Augenblicke ausgenutzt werden, wir waren mit den ebengenannten Truppen im allgemeinen auf das mangelhaft ausgebaute Friedensfernsprechnetz West- und Ostpreußens angewiesen, das nun noch zuweilen durch feindliche Kavallerie-Patrouillen unterbrochen und von einem Personal bedient war, das doch auch unter dem allgemeinen Kriegsschrecken stand. Wie in jedem einzelnen Fall die Fernsprechverbindung herzustellen war, ob sie überhaupt gelang, wie lange eine hergestellte Verbindung dann erhalten blieb, wie schnell Meldungen entgegengenommen und Weisungen erteilt werden mußten, war ein Ding für sich. Zu den Generalkommandos der Südgruppe hatte das Armee-Ober-Kommando zum Teil unter Ausnutzung von Feldleitungen naturgemäß Verbindung, besonders als es in Löbau war; aber auch diese Verbindungen waren nur zu oft unterbrochen.

Wie weit die Armee mit drahtlosen Funkstationen ausgerüstet war, weiß ich heute nicht mehr. Das A.O.K. konnte jedenfalls keinen Nutzen aus Stationen ziehen.

Die Ausstattung mit Fliegerabteilungen war recht dürftig. Nach den Angaben des Reichsarchivs hatte auch das A.O.K. eine eigene Fliegerabteilung, vielleicht steht sie aber nur auf dem Papier. Ich entsinne mich heute ihrer nicht, vielleicht waren auch die Flugzeuge nicht brauchbar. Einige Kommandierende Generale verfügten über Flieger; ihre Verwendung war noch nicht Gemeingut geworden. Der Zeppelin der Festung Posen war bereits oder wurde in diesen Tagen bei Mlawa abgeschossen. Ich griff später auf die Festungfliegerabteilung von Graudenz zurück.

Das A.O.K. fühlte sich, wie gesagt, auf den Fernsprecher oder auf die Verbindung durch Verbindungoffiziere angewiesen, die aber wiederum den Fernsprecher benutzten, oder lange Strecken Weges mit dem Kraftwagen unter großem Zeitverlust zurückzulegen hatten.

Die eben geschilderten Verhältnisse erschwerten natürlich die Schlachtenführung. Sie mußten berührt werden, da der spätere Ausbau dieser Waffen einen so hohen Grad erreicht hatte, daß im Stellungkriege gesicherte Verbindungen vom A.O.K. bis in die Gefechtslinie und Fliegererkundungen weit über die feindliche Front hinaus möglich waren. Ja, heute wird die Luftwaffe nicht nur als Aufklärungwaffe, sondern als Kamps- und Zerstörungwaffe vielleicht kriegsentscheidend. Aus diesen gegen 1914 veränderten Verhältnissen heraus galt es sich die zu vergegen-

54

wärtigen, mit denen ich nun einmal für die Leitung der begon-
nenen Schlacht zu rechnen hatte.

Ich bitte die Darstellung an Hand der Skizzen genau zu verfolgen,
sonst kann sie nicht verstanden werden. Leider muß ich aus wirt-
schaftlichen Gründen mit diesen Skizzen sparsam sein. Hieraus
ergibt sich auch, daß ich eine Darstellung wählen muß, die es
ermöglicht, daß nach den Skizzen der Verlauf der Schlacht noch
verfolgt werden kann; es muß auch auf frühere geblickt werden.
– Dies auch für etwaige freimaurerische „Militärkritiker".

Der 26. und 27.8.1914

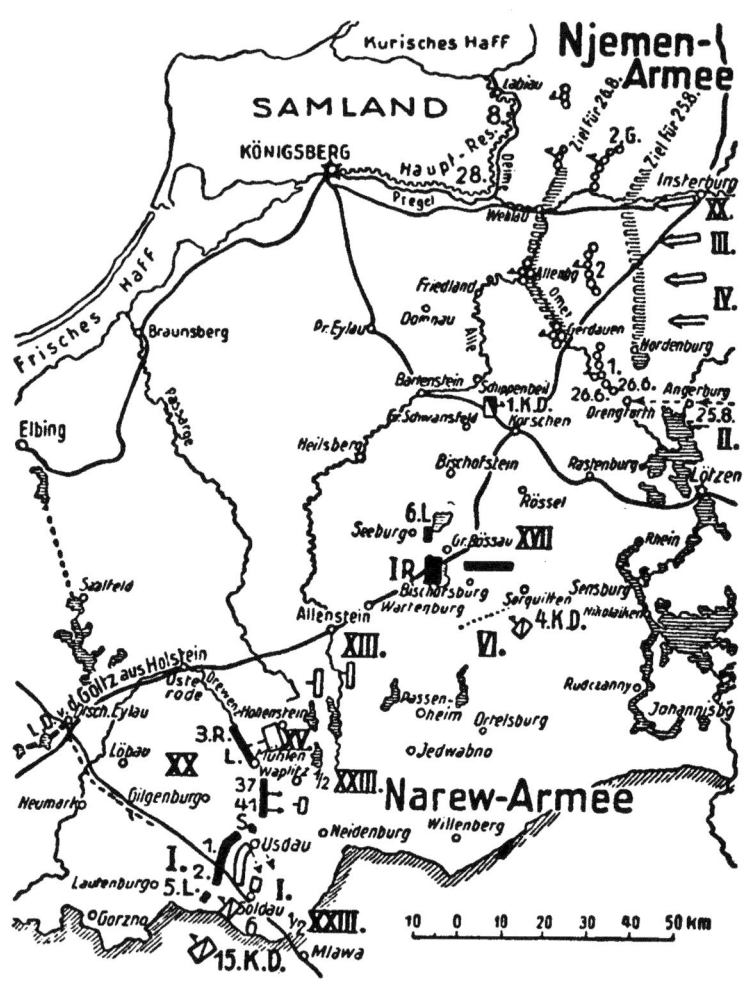

Skizze 3

Der 26. 8. wurde für mich, soweit die Gestaltung der Kriegslage bei dem I. und XX. A.K. in Frage kommt, ein Tag recht schwerer Enttäuschung. Das Oberkommando stand an dem Ostausgang von Löbau und war durch eine recht jämmerliche, oft unterbrochene Drahtverbindung mit dem Generalkommando des I. und XX. A.K. verbunden. Vergebens wartete ich auf Nachrichten von dem Angriff des I. A.K. Das hatte einen einfachen, wenn auch erstaunlichen Grund. Trotz des klaren Armeebefehles vom Tage vorher hatte General v. François nicht angegriffen. Er hatte, obschon er meine Absichten genau kannte, die entsprechenden Befehle erst zu spät weitergegeben, daß die Truppen gar nicht in der Lage waren, sie rechtzeitig auszuführen. Auch hielt er stur daran fest, die schon genannte Vorstellung bei Seeben vorwärts Usdau, die mit den geringsten Kräften zu nehmen war, erst anzugreifen, wenn seine gesamten Truppen versammelt waren. Wohl erst gegen 10 Uhr erhielt das A.O.K. die Meldung, daß der Angriff aus Usdau sich verzögere. Natürlich glaubte ich, die Vorstellung wäre wenigstens genommen. Ich nahm an, der Angriff aus Usdau könne nun etwa gegen 12 Uhr beginnen. Dann bekam ich aber zu hören, daß noch nicht einmal die Vorstellung von Seeben in unserem Besitz sei. Ich war tief empört. Endlich um 12 Uhr 30 Min. nahm sie dann die 1. I.D. ganz wie ich erwartet hatte, ohne jeden ernsten Kampf. Der Russe war schleunigst auf die Hauptstellung bei Usdau zurückgewichen. Usdau lag nun noch 9 Kilometer entfernt. Das Durchschreiten dieser Entfernung und das Neuansetzen des Angriffs auf den in Stellung befindlichen Feind kostete Zeit. Die Vorbereitung und Durchführung des Angriffs war für diesen Tag ausgeschlossen. Ein Tag war verloren gegangen. Ja, ich erlebte am Abend im Hauptquartier Löbau, daß sich plötzlich Flüchtlinge des I. A.K. bei Montowo, einer Eisenbahnstation südlich Löbau, sammelten. Sie verbreiteten die Nachricht, der Russe hätte angegriffen und das I. A.K. geschlagen. Es ist nicht alles so schlimm, wie es auf den ersten Augenblick oft aussieht. Hier war ein kleinerer Truppenteil in ein heftiges feindliches Artilleriefeuer geraten und hatte versagt. Ich ließ den Truppenteil anweisen, wieder nach vorn zu marschieren. Bald darauf jagten auch Kolonnen und Trains nach rückwärts durch die Straßen Löbaus. Sie wurden zum Halten gebracht. Das waren Ereignisse, wie ich sie schon zur Genüge von der Einnahme von Lüttich her kannte, wo auch „Tataren-Nachrichten" sich überstürzten, um sich dann als unwahr herauszustellen.

Das so geringe Ergebnis des Tages auf diesem Flügel bestand also in einem Heranschieben des I. A.K. an die Usdauer Stellung.

Weiter nördlich hatte der rechte Flügel des verstärkten XX. A.K. die 41. und 37. I.D., nach vorwärts Gelände gewonnen. Sie hatten nicht übermäßig starken Feind angegriffen, zum Teil mit dem Bajonett, und diesen geworfen. Sie begnügten sich indes leider nur mit kurzem Folgen und stellten sehr bald, wohl fürchtend, daß der rechte Flügel der 41. I.D. bei dem Zurückbleiben des I. A.K. in der Luft hinge und bedroht sei, ihre Angriffsbewegung ein. Unsere Truppen konnten sich eben nur schwer in die Lage hineindenken, in eine nur stellenweise vom Feind besetzte Front hineinzustoßen. Der Erfolg dieses kurzen Vorwärtsdringens lag aber darin, daß wenigstens die Lücke, die zwischen dem russischen I. A.K. und den anderen Teilen der russischen Armee bestand, nunmehr nicht nur für mich, sondern auch für andere sichtbar wurde, und ich klar sah, daß hier der Feind vor dem rechten Flügel des XX. A.K. nur schwach war, was ich nun wenigstens am 27. zu einem größten und entscheidenden Erfolge auszunützen hoffte.

Während der rechte Flügel des verstärkten XX. A.K. also etwas Gelände gewonnen hatte, hatte sich starker Feind gegen dessen linken Flügel, der durch Landwehr und die 3. R. gebildet wurde, gewandt. Zu einer ernsten Angriffsentwicklung der Russen aus dem Waldgebiet heraus (s. Skizze 4 – ich habe nur in Skizze 4 das Gelände näher andeuten können, da ich mit Skizzen hauszuhalten gezwungen war –) war es aber auch an diesem Tage noch nicht gekommen, was mir, wie sich nun einmal die Lage gestaltete, keineswegs unerwünscht gewesen wäre.

Die 3. R., die den Befehl erhalten hatte, in Richtung Hohenstein anzugreifen, hatte diesen Befehl nicht ausgeführt, in der Hoffnung, am 27. 8. erfolgreicher wirken zu können, nämlich dann, wenn der feindliche Angriff weiter vorgeschritten war.

Der Tag hatte hier nicht gezeitigt, was er hätte bringen müssen. Die Lage war im wesentlichen die gleiche geblieben, wie am Tage vorher (Skizze 2). Ich grollte der Führung des I. und XX. A.K. Mir schien es, als ob die überstandenen Kämpfe zu schwer auf ihr lasteten. Ich beschloß, in dem Befehl für den nächsten Tag auf die Notwendigkeit einer energischen Führung des Angriffs hinzuweisen, der sowohl bei dem I. A.K., wie auf dem rechten Flügel des XX. besonders günstige Aussichten bot. Was am 26. versäumt war, konnte ausgeglichen werden.

Die Kriegslage beim I.R. und XVII. A.K. hatte sich dagegen günstig entwickelt. Das XVII. A.K. hatte in Richtung Groß-Bössau und Bischofsburg das russische VI. A.K., das seinen Vormarsch nach Norden fortgesetzt hatte, von Norden her angegriffen, während I.R. sich von Osten her gegen die Westflanke des Feindes gewandt und bald den Vormarsch nach Wartenburg fortgesetzt hatte. Die Truppen des XVII. A.K. hatten den ihnen von den Russen in der Schlacht von Gumbinnen versetzten Schlag überwunden. Der Feind war geschlagen, aber leider nicht entscheidend. Es war ihm noch gelungen, mit erheblichen Teilen auf Bischofsburg zurückzugehen. Nach vorliegenden Meldungen sollte er südlich des Ortes eine Stellung befestigen. Immerhin war hier ein wesentlicher Erfolg erreicht. Allerdings war es nötig, daß dieser Feind, falls er seinen Rückzug nicht fortsetzte, nochmals geworfen werden mußte, bevor beide Korps in Richtung Jedwabno herangezogen werden konnten, um die Narew-Armee nun auch im Rücken zu treffen und sie einzukreisen.

Die Njemen-Armee hatte sich einen kleinen Tagemarsch genähert und nach Süden in Richtung Rastenburg herumgegriffen. Hatte sie den Wechsel der Lage erkannt? Hatte sie von der Niederlage des russischen VI. A.K. Meldung erhalten? Sie hätte durch Gewaltmärsche mit der Narew-Armee zusammenwirken müssen. Das hatte sie bisher nicht getan. Sie konnte dies aber jederzeit ausführen; allerdings schien die Narew-Armee sich bisher nicht für unterstützungbedürftig zu halten. Sie war im Angriff geblieben, der Rückzug des XX. A.K. ließ sie an einen Sieg glauben, was würde sie auf die Niederlage ihres VI. A.K. hin tun? Würde sie weiterhin angreifen oder etwa ausweichen?

Die Gesamtlage, namentlich auch die Rücksicht auf I.R. und XVII. A.K. verlangte dringend die schnelle Durchführung der Schlacht. Ich erhoffte nun von den Weisungen für den 27. einen vollen Erfolg.

Nach diesen Weisungen für den 27. August sollte die Entscheidung bei dem I. A.K. und dem verstärkten XX. A.K. herbeigeführt werden und zwar durch einen Angriff, der wieder um 4 Uhr früh beginnen sollte. Ausdrücklich betonte ich, es sollte „mit größter Energie" angegriffen werden. Dieser Hinweis war etwas Ungewöhnliches, denn nach den bisher üblichen Anschauungen sollte eben jeder Angriff „mit größter Energie" durchgeführt werden. Die Worte enthielten also einen deutlichen Vorwurf für die Führung, wie sich aber herausstellte, sollte er nicht die Wirkung haben, die ich von ihm erhofft hatte. Die geringe Vorwärtsbewegung des rechten Flügels des XX. A.K. am 26.8. bot mir Gelegenheit, den Angriff auf Usdau wesentlich zu unterstützen. Ich hatte nicht die Überzeugung gewonnen, daß ihn General v. François richtig führen würde. Ich zog deshalb aus dem verstärkten XX. A.K. in der Nacht zum 27. die Abteilung zusammen, die in der Skizze 3 zwischen dem XX. und dem I.A.K. eingezeichnet und mit „S" bezeichnet ist. Ihr Führer war der General v. Schmettau. Durch den Einsatz dieser Abteilung war durch mich die Umfassung bei Usdau sichergestellt. Ich hoffte, daß das I.A.K. nunmehr den Feind schnell nach Süden zurückwerfen und dann unverzüglich mit erheblichen Teilen aus Neidenburg abmarschieren würde, um in weiterem Vordringen dem nördlich befindlichen Feinde den Rückzug abzuschneiden. Die Schwächung des verstärkten XX. A.K. durch Bildung der Abteilung v. Schmettau bedauerte ich. Ich nahm sie in Kauf. Dieses Korps konnte auch jetzt noch seine Aufgabe erfüllen.

Das verstärkte XX. A.K. sollte gleichzeitig angreifen und zwar mit dem Schwerpunkt auf dem rechten Flügel in der Richtung, in der es am 26. schwachen Feind geworfen hatte, um dann den nördlich befindlichen Flügel des russischen XV. A.K. in die Flanke fassen zu können. Zugleich sollte aber auch die 3. R. zum

60

Angriff in Richtung Hohenstein angesetzt werden, während die L.D. v. d. Goltz ihre Kräfte an den Ausladestationen Osterode und Bisellen (hart östlich Osterode) bereitzustellen hatte.

I. R. und XVII. A.K. sollten die bereits erwähnten Bewegungen ausführen.

In dieser Nacht erhielt ich von der Obersten Heeresleitung die Mitteilung, daß nun doch vom Westen her Verstärkungen im Osten eintreffen würden. Mir war schon früher mitgeteilt worden, drei Armeekorps sollten eintreffen. Jetzt war von zweien die Rede. Stets habe ich die Auffassung vertreten, daß die Armeekorps, wenn sie im Westen gebraucht würden, selbstverständlich dort zu belassen seien. Ich würde allein im Osten fertig werden. Selbstverständlich habe ich erst recht nicht um irgendeine Verstärkung aus dem Westen gebeten, natürlich auch keine Einwendung gemacht, als statt drei Armeekorps zwei geschickt wurden. Ich war nur erstaunt, daß die beiden Armeekorps, das XI. und G.R. (Garde-Reservekorps) vom rechten Flügel der gewaltigen Heeresfront, der die Entscheidung bringen sollte, genommen wurden, und das V. A.K., das mir ursprünglich genannt wurde und mehr auf dem linken Heeresflügel stand, daselbst blieb. Doch ich hatte mir kein näheres Bild mehr von der Gestaltung der Kriegslage seit dem 22.8. machen können, wir hörten nur von erfolgreichem Fortschreiten der Angriffsbewegung auf der ganzen Front. – Die beiden Armeekorps hatten Namur eingeschlossen und genommen. Sie fehlten im Westen in der Marneschlacht an der entscheidenden Stelle. Sie hätten die Lücke zwischen der 1. und 2. Armee geschlossen. –

So also war die Lage, in der ich nach Ansicht von Militärschriftstellern „die Nerven verloren" und an den Rückzug hinter die Weichsel gedacht haben soll! (Dabei soll auch russische Kavallerie südwestlich Soldau eine Rolle spielen.)

Am 27. früh ging das A.O.K. selbst auf eine Höhe südöstlich Gilgenburg, um der Schlacht möglichst nahe zu sein. Als wir aus Löbau aufbrachen, erhielt ich die Nachricht, daß Usdau genommen sei. Freudig rief ich aus, damit sei die Schlacht gewonnen. Als wir aber bei Gilgenburg eintrafen, war Usdau noch nicht genommen. Der Angriff des I. A.K. hatte sich wiederum verzögert; ebenso auch die Versammlung der Abteilung des Generals

v. Schmettau. Es dauerte noch Stunden, ehe der umfassende Angriff aus Usdau wirklich durchgeführt wurde. Sobald er aber im Gange war, brach unter dem umfassenden Feuer der Deutschen Artillerie und dem frischen Vorgehen der 1. I.D. und der Abteilung des Generals v. Schmettau des XX. A.K. die russische Widerstandskraft zusammen. Bedauerlich nur war es, daß vorher die auf dem rechten Flügel des I. A.K. kämpfende 2. I.D., die in der Schlacht von Gumbinnen so erfolgreich gekämpft hatte, frontal gegen die feindliche Front südlich Usdau angesetzt und angerannt und mit erheblichen Verlusten zurückgeschlagen war. Auf die weitere unglückliche Führung des I. A.K. kann ich im einzelnen nicht eingehen. Obschon General v. François noch einmal ausdrücklich die an sich völlig unnötige Weisung bekam, den Feind über den hinter dem Rücken liegenden Abschnitt zurückzuwerfen, befahl er um 3 Uhr 45 Min. nachmittags ganz entsprechend seiner Führung in der Schlacht von Gumbinnen: „eine Stellung zu gewinnen, von der aus wir den Rückzug über Soldau erschweren".

Das Reichsarchiv entschuldigt das. Es schreibt: „Der russische Angriff mußte sich an den Brücken bei Soldau stauen. Dort waren die Früchte des heißen Kampfes zu ernten. Aber die Fortsetzung des Angriffs bis dorthin hätte weitere, vielleicht harte Kämpfe gefordert... Die Kräfte waren erschöpft nach der großen Tagesleistung."

Das alles trifft nicht zu. Die Tagesleistung war nicht groß und wenn sie noch so groß gewesen wäre, so hätte der Angriff in Richtung Soldau mit größter Tatkraft durchgeführt werden müssen. Ich zweifelte nicht daran, daß die Truppen der Abteilung v. Schmettau, die 1. I.D. und die der 5. L., wenn sie im Angriff belassen wären, den Feind vollends geworfen hätten. So wurde diese Aufgabe auf den nächsten Tag verschoben. Der Feind hatte Zeit, sich zu setzen und abzuziehen! Ihm wurden goldene Brücken gebaut. Die Lage, in die General v. François von diesem Feind am 30.8. bei Neidenburg versetzt wurde, hat er dieser unglaublichen Gefechtsführung zuzuschreiben. Das I. A.K. lag südlich Usdau fest (Skizze 4). In Richtung Neidenburg war nicht ein Mann abmarschiert, wir hatten zwar die Mitteilung erhalten, daß die 1. I.D. dorthin in Marsch gesetzt sei, das war aber wieder rückgängig gemacht worden. Obschon wir so nahe dem I. A.K. standen, waren wir von diesen Generalkommandos nicht richtig unterrichtet. Auch war es nicht möglich, ohne Mißstimmung zu zeitigen, in einzelne Gefechts-Handlungen selbst einzugreifen; ich mußte doch mit richtiger Truppenführung rechnen, ganz abgesehen davon, daß noch falsche Begriffe über die „Selbständigkeit" der oberen militärischen Führer bestanden. Ich habe diese Friedensansicht später über Bord geworfen.

Noch weniger glücklich war die Führung bei dem verstärkten XX. A.K. Wohl setzte sich sein rechter Flügel, der am Tage vorher erfolgreich gekämpft hatte, wieder gegen den gestern geschlagenen Feind, der weiter zurückgewichen war, in Bewegung. Der Kommandeur der 41. I.D. aber schielte nach rechts auf den Kampf bei Usdau, schielte nach links auf die Entwicklung bei der 37. I.D., die zurückhaltend war, da sie ihren Flügel durch die Landwehr weiter nördlich nicht genügend gesichert hielt. Vergeblich sandte ich einen Offizier des Stabes zur 41. I.D. Vergeblich trieb ich das Generalkommando des XX. A.K. an. Es erhielt nochmals die Weisung, mit seinem rechten Flügel nach Norden einzuschwenken, um 6 Uhr abends den Befehl, in Richtung Waplitz doch endlich vorzugehen. Alles hatte keinen Erfolg. Die 41. I.D. war zu tatkräftigem Handeln nicht zu bewegen. General v. Scholtz konnte sich von der Auffassung der Bedrohung seines linken Flügels nicht freimachen. Hier hatte das russische XV. A.K. die Landwehr bei Mühlen angegriffen. Ihm waren auch örtliche, russische Einbrüche gemeldet. Endlich lagen auch Nachrichten vor, daß der Russe den nördlichen Flügel der 3. R. umfasse. Diese Nachrichten führten dahin, daß der Kommandierende General sich entschloß, die 37. I.D. aus dem Angriff herauszunehmen und sie hinter die Mitte und auf den linken Flügel seiner Kampfgruppe zu führen. Die 3. R. hatte bereits ihren linken nördlichen Flügel auf die Nachricht einer drohenden feindlichen Umfassung hin zurückgebogen. Solche Gestaltung der Kampflage vervollständigte die schwere Enttäuschung. Ich bin heute noch der Ansicht, ein wirklich tatkräftiger Angriff der 41. und 37. I.D. hätte die am Tage zuvor bereits geschlagenen Kräfte der 2. russischen I.D. über den Haufen geworfen, es wäre an diesen Tagen ein entscheidendes Vorgehen des rechten Flügels des verstärkten XX. A.K. gegen den linken Flügel des weiter nördlich kämpfenden XV. russischen A.K. möglich gewesen, das den weiteren Angriff desselben ausgeschlossen haben würde.

Heute wird man sich fragen, warum ich denn nicht eingegriffen hätte. Ich habe ausgeführt, daß ich alles Mögliche getan habe, um dem Angriff des XX. A.K. die entscheidende Richtung einmal nach Osten und in nordöstlicher Richtung zu geben, wo weiterhin durch Sperrung der Engen zwischen den Seen große Erfolge winken konnten. Auf der anderen Seite aber waren die Kommandierenden Generale, auf deren Friedensstellung ich bereits hinwies, in ihren Entschließungen selbständig. Auch sie trugen eine große Verantwortung. Ein Hineinbefehlen in bereits in Ausführung begriffene Befehle unterer Stellen ruft Unruhe in der Truppe hervor. Auf dem Papier ist vieles einfacher, als im Ernst des Krieges mit seinen vielen Unwägbarkeiten. Und noch eins: ist eine Truppe nicht mehr angriffsfreudig, dann kann auch die Oberste Leitung nichts machen. Schließlich ist auch die Lage beim Feinde nicht so klar, wie sie z.B. dem Leser beim Studium des Reichsarchivs oder dieser volkstümlichen Schrift wird. Eins war mir damals wie heute bewußt: die Anordnungen, die ich gegeben hatte, hätten in ihrer Ausführung einen vollen Erfolg verbürgt. Sie trafen die schwache Stelle des Feindes mit überlegener Kraft. Solchen Erfolges sicher, hatte ich auch am Abend des 26. der Obersten Heeresleitung gemeldet:

„Nach menschlichem Ermessen wird der Angriff erfolgreich sein."

Am Abend des 27. wird meine Meldung wohl Zusätze enthalten haben; das Ergebnis des Tages war weit auch hinter bescheidenster Erwartung zurückgeblieben. Ich habe mich stets bei allen Meldungen der größten Zurückhaltung befleißigt. Ich hielt sie möglichst nüchtern, damit sie wirklich Richtiges gaben und falsche Hoffnungen ausschlossen, übertriebene Siegesmeldungen im Westen zu gleicher Zeit haben vielleicht in der Obersten Heeresleitung die Ansichten verbreitet, der Feind sei mehr geschlagen, als es sich nachher in der Marne-Schlacht herausstellen sollte. Die Enttäuschung am 27. veranlaßt mich, noch zurückhaltender in meinen Meldungen zu werden. – In „Meine Kriegserinnerungen" bin ich über alles dies absichtlich hinweggeglitten. Das ist mir von manchen Offizieren schlecht gedankt, ja zu Entstellungen mißbraucht worden.

Vor dem I.R. und dem XVII. A.K. waren das russische VI. und die russische 4. K.D. zurückgewichen. Beide Korps hatten ihren Weitermarsch in Richtung Jedwabno angetreten. Dabei war das 1. R. in die Gegend südöstlich Allenstein gezogen worden, nachdem das russische XIII. A.K. dort und weiter südwestlich festgestellt worden war. Das XVII. A.K. hatte an diesem Tage tatsächlich nur eine geringe Marschleistung hinter sich. Seine Lage, die ich heute aus den Karten des Reichsarchivs entnehme, war mir damals nicht so klar, wie sie heute ist. (Ich habe das in Skizze 4 angedeutet, indem ich Linien, die den Unterkunftsraum des XVII. A.K. darstellen, gestrichelt gezeichnet habe.) Ich glaubte, daß es mit einer Abteilung Passenheim besetzt habe.

Beide Armeekorps hatten in ihrer Stellung am Morgen des 27. schwache Teile zum Schutze gegen die Njemen-Armee zurückgelassen. Diese schien an diesem Tage nicht wesentlich gefolgt zu sein, russische Kavallerie hatte aber die Alle überschritten, und Rastenburg war besetzt worden. Entscheidendes hatte sich indes nicht geändert. Das bedeutete eine Entlastung der Gesamtlage im Zusammenhang mit der Tatsache, daß der schon zwei Tage von mir so heiß erstrebte und taktisch mögliche Erfolg beim I. und verstärkten XX. A.K. nicht erreicht war. Gewiß konnte die Njemen-Armee der nun so schwer bedrohten und noch im Angriff verharrenden Narew-Armee noch zu Hilfe eilen. Sie hatte aber viel Zeit verloren und konnte rechtzeitig nicht mehr eintreffen. Ich hoffte auf einen schlachtentscheidenden Erfolg am 28.8., der die früheren Enttäuschungen völlig ausgleichen sollte, selbst wenn die beiden feindlichen Armeen in ihren Maßnahmen der durch die Niederlage des VI. russischen Korps eingetretenen Lage bester Rechnung trugen, als es geschah. Sie hatten beide zunächst nichts von ihr erfahren. Nicht nur in den eigenen Reihen kommen im Kriege Reibungen vor, sondern auch beim Feinde. Der Wille hat die Lage zu gestalten.

Für den 28. wurde nun wiederum dem I. A.K. der Vormarsch auf Neidenburg und dem verstärkten XX. A.K. der Angriff über Waplitz in den Rücken des vor seiner Front stehenden Feindes und auf Hohenstein befohlen. Die L.D. v. d. Goltz sollte auch auf Hohenstein von Norden vormarschieren, um hier gegen die Flanke der russischen Truppen zu wirken. Griff der Feind auf diesem Teile des Kampffeldes den linken Flügel des verstärkten XX. A.K. an, so kam es eben zu Begegnungkämpfen. Allerdings war nicht zu verkennen, daß die L.D. v. d. Goltz gegenüber einem Angriff des russischen XIII. A.K. von Allenstein her bei ihrer so überaus mangelhaften Ausstattung an Artillerie – sie verfügte nur über 2 Landwehr-Batterien – in eine sehr schwierige Lage kommen konnte. Sie konnte bei ihrem Mangel an Kavallerie überraschend in die Flanke gefaßt werden, statt den Feind zu umfassen. Auf das Vorgehen der L.D., verbunden mit dem Vorgehen der 41. I.D. über Waplitz, festigte sich für mich wieder die weitgehende Hoffnung, den vor dem verstärkten XX. A.K. befindlichen Feind nun doch vernichtend zu treffen und ihm weiteren Rückzug hinter die Seen südlich Allenstein entscheidend zu erschweren und so die Schlachtenhandlung abzukürzen.

Aus dieser Lage ergab sich ohne weiteres, das in der Gegend von Allenstein vorgedrungene russische XIII. A.K. von Osten her derart anzupacken, daß es geschlagen und an einem Eingreifen von Allenstein her gegen die Flanke der L.D. v. d. Goltz verhindert wurde. Das I. R. sollte südlich Allenstein vormarschieren und zugleich eine Abteilung ebenfalls in das Waldgelände vorschieben, um die Landenge bei Schwedrich (Skizze 4) zu sperren. Nach eben eintreffender Nachricht vom Generalkommando I.R. war der Feind bis Allenstein selbst vorgedrungen, vielleicht stärker als bisher angenommen war. Er konnte wohl in der Lage sein, den Vormarsch des I.R. an Allenstein vorbei zu verhindern, während andere russische Truppen gegen die L.D. v. d. Goltz und gegen den linken Flügel des verstärkten XX. A.K. kämpften. Ich habe später versucht, Klarheit darüber zu bekommen, welche Meldung mir vom I.R. geworden war. Mir ist das nicht im vollen Umfange gelungen, weil der Chef des Generalstabes dieses Armeekorps sehr bald darauf den Heldentod starb. Die Lage, die mir von ihm gegeben wurde, war derart, daß ich dem Antrage des I. R., auch Teile des XVII. A.K. in Richtung Allenstein heranzuziehen, zustimmte, während seine anderen Teile in dem Vormarsch in dem Rücken der Narew-Armee bleiben sollten. Es war ja auch möglich, daß die bei Allenstein und südwestlich Allenstein kämpfenden Truppen nach Norden gegen die endlich scharf vordrängende Njemen-Armee auswichen; dort standen keine Deutschen Truppen, die sie an einem solchen „Rückmarsch" hätten hindern können. Ging aber die Narew-Armee zurück, so konnte ihr vom I. A.K. und den nach Süden angesetzten Truppen des XVII. A.K. der Rückzug abgeschnitten werden. Mit dem XVII. A.K. selbst in Verbindung zu treten, hatte sich leider als nicht möglich erwiesen.

Bei der Befehlserteilung trat noch insofern eine sehr ernste Friktion ein, als das I.R. nicht die Weisung erhielt, die Enge bei Schwedrich zu sperren, während ich noch bis zum Abend des 28. glaubte, dieser Befehl wäre ihm zugegangen. Friktionen sollten nicht Vorkommen, aber sie stellten sich wie hier z.B. im Drange des Augenblicks bei schlechter und sich auf Augenblicke beschränkender Verbindung ein; aber auch ohne diese Friktion wäre durch Feind und schlechte Wege das rechtzeitige Eintreffen der Abteilung in Schwedrich gefährdet gewesen.

Der 28. 8. 1914

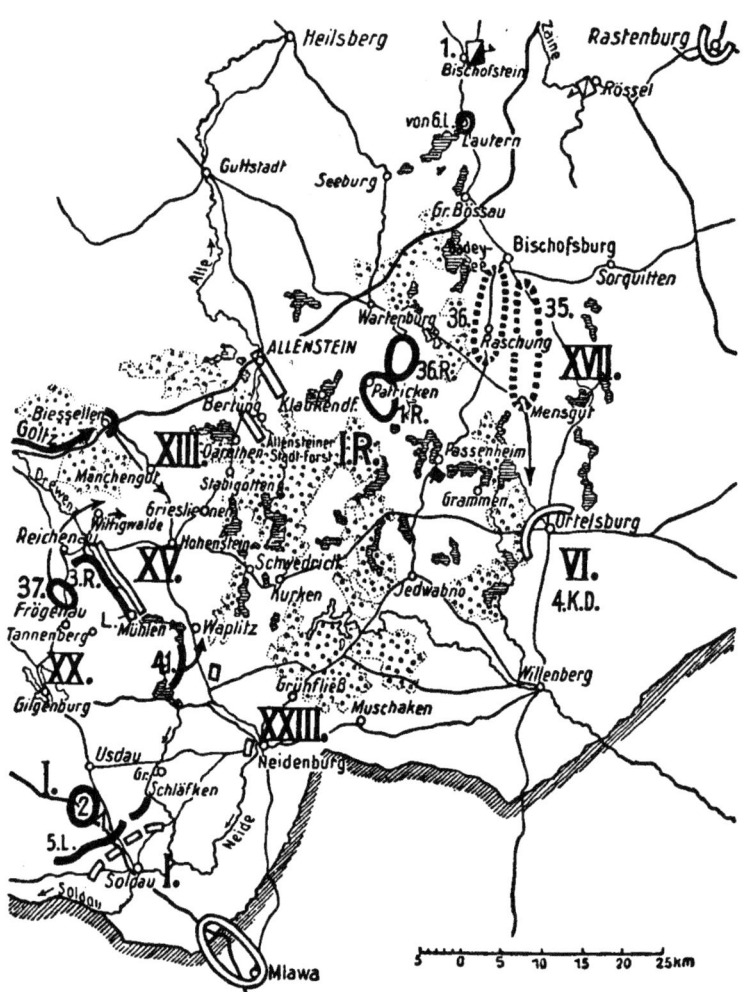

Skizze 4

Frühmorgens war das Oberkommando bereits am Ausgang von Frögenau westlich Tannenberg. Hier stand auch General v. Scholtz, der am Tage vorher so wenig glücklich geführt hatte. Mit General François waren wir wieder durch einen dünnen Draht verbunden. Wir wußten von ihm, daß er den Angriff, den er am Tage vorher abgebrochen, nun wieder ausgenommen hatte, um die Reste des Feindes, die noch nördlich des Abschnittes bei Soldau standen, zurückzuwerfen. Zu einer Entsendung von Truppen auf Neidenburg hatte er sich noch immer nicht entschlossen.

Auf der ganzen Front des verstärkten XX. A.K. mußte der Kampf im vollen Gange sein. Gefechtslärm war überall hörbar. Als erste Nachricht traf die Hiobspost ein, daß die 41. I.D., die nun endlich den Angriff auf Waplitz ausführte, unter den schwersten Verlusten sich in und über ihre Ausgangstellung zurückzöge. Sie war von dem Feinde, den sie am 26. geschlagen, aber nicht verfolgt, am 27. nicht angegriffen hatte, nun seinerseits in die Flanke gefaßt und von Norden her angegriffen worden. Sie hatte schwere, blutige Verluste und schwere Verluste an Gefangenen gehabt. Sie würde sich aber auf dem rechten Flügel des XX. Korps doch noch halten können, falls der Feind angriffe. Das war eine ernste Mitteilung, wir konnten selbst hier durchbrochen werden, schließlich hätte ja auch der Feind Verstärkung heranziehen können. Doch das befürchtete ich nicht. Mir war das Scheitern des Angriffs bei Waplitz deshalb von so großer Bedeutung, weil dadurch dem Feinde weiter nördlich der Abzug nach Südosten möglich war und das I. A.K. sich noch nicht auf Neidenburg in Bewegung gesetzt hatte, um sich in jener Gegend einem abziehenden Feinde vorzulegen. Die Nachrichten von der Lage bei der 41. Division waren der Anlaß, dem I. A.K. nun zu befehlen, die 2. I.D. unverzüglich in die Gegend nördlich Neidenburg in Bewegung zu setzen, was dann auch geschah.

In größter Spannung harrte ich bei Frögenau der Schlachtgestaltung, sie löste sich, als die Nachricht kam, daß General v. Morgen, Kommandeur der 3. R., den Befehl zum Angriff auf den gegenüberstehenden Feind gäbe. Er brach damit den Bann, der auf dem verstärkten XX. A.K. seit Tagen lag. Unter dem tapferen Ansturm der Reservisten der 3. R. in Richtung Hohenstein und der Umfassung der L.D. v. d. Goltz gab die russische Front nach. Die 3. R. konnte dabei in späteren Stunden den fortschreitenden Angriff der L.D. v. d. Goltz östlich Hohenstein durch ihre Artillerie unterstützen. Langsam nur marschierte die 37. I.D. nach. Sie kam so spät, daß sie der L.D. nicht mehr rechtzeitig helfen konnte. Diese war, wie ich befürchtete, von dem russischen XIII. A.K. von Allenstein her nun doch nördlich Hohenstein in die Flanke gefaßt und gab nach Westen zu nach. Das I. R. hatte eben nicht rechtzeitig angegriffen.

Durch Einsetzen von einigen zurückgehaltenen Bataillonen der 37. I.D. bei der Landwehr südlich der 3. R. kam nun auch dieser Teil der Gefechtsfront in Fluß. Der Feind wurde im Angriff auch hier geworfen. Überall ging er zurück. Ein großer taktischer Erfolg war hier errungen. Ich atmete auf!

Wie weit sich der taktische Erfolg zu einem großen strategischen auswirken würde, war noch nicht gesichert, nachdem sowohl die eingeleitete Umfassung bei Waplitz, als auch der Kampf der L.D. bei Hohenstein nicht zu einer Umfassung der feindlichen Armeegruppe geführt hatte. Immerhin hoffte ich noch, daß die vielen Seen den Rückzug des Feindes erschweren würden, und eine Abteilung des I. R. noch in dem Waldgebiet im Rücken desselben auftreten würde.

Um so mehr lenkte sich meine Aufmerksamkeit aber den eingeleiteten weiten Umfassungen zu. Noch ein¬mal erhielt das I. A.K. die Weisung, mit noch stärkeren Kräften auf Neidenburg abzumarschieren. Der Kampf dort mußte ja endlich einen Erfolg gezeitigt haben. Dies war auch der Fall. General von François hatte bei Soldau nur die 5. L. zurückgelassen und war selbst mit der Abteilung v. Schmettau des XX. A.K. und der 1. I.D. auf Neidenburg marschiert. Endlich wußte ich starke Kräfte dorthin in Bewegung. Schwache russische Kräfte aber, die schon an den Tagen vorher geschlagen und unwe-

70

sentlich verstärkt waren, hielten zuerst die 1. I.D. nordwestlich Neidenburg, aber auch die Abteilung von Schmettau und die 1. I.D. bei diesem Orte auf. Die Letzteren überwanden schnell den Widerstand. In der Nacht zum 29. erreichten die Abteilung v. Schmettau Muschaken und die 1. I.D. Neidenburg, während die 2. I.D., die noch unter den Einwirkungen des verfehlten Angriffs am Tage vorher litt, sich erheblich aufhalten ließ, statt entscheidend weit nordöstlich Gelände zu gewinnen.

Auf dem Gefechtsstande in Frögenau hatte ich in den Nachmittagsstunden die Gewißheit, daß dem Feinde der Rückzug nach Südosten verlegt sei.

Nicht so günstig war die Entwicklung im Rücken des Feindes zwischen Allenstein und Willenberg. Wie ich schon erwähnte, hatte das I. R. bei Allenstein nicht unverzüglich angegriffen. Es wollte das Eintreffen von Teilen des XVII. A.K. abwarten. Wie ungünstig sich dadurch die Lage bei der L.D. gestaltete, wie dadurch wiederum ihr Vorgehen über Hohenstein, und östlich in den Rücken des Feindes verhindert wurde, habe ich dargetan.

Ich hatte im Laufe des Vormittags des 28. dem I. R. nochmals in Erinnerung gebracht, falls der Feind von Allenstein in südwestlicher Richtung abmarschiert sei, unverzüglich dorthin zu folgen, was dann auch später, wenn auch zu spät, geschah.

Von den ernsten Reibungen, die zwischen den Kommandierenden Generalen des XVII. A.K. und I.R. vorgekommen waren, hatte ich ebensowenig gehört, wie davon, daß tatsächlich das ganze XVII. A.K. trotz der Weisung, weiter nach Süden zu verfolgen, im Marsch aus Allenstein, ja sogar mit Teilen nördlich herumgreifend sich befand.

Es war gegen 2 Uhr 30 Min., als ich hiervon Mitteilung erhielt. Ich erschrak. Der volle Erfolg der Schlacht war gefährdet. Das XVII. A.K. erhielt die Weisung, nun unter Aufbietung aller Kräfte aus Passenheim und Ortelsburg mit allen seinen Teilen vorzumarschieren und den Feind zu verfolgen. Das brachte neues Leben in die Truppe. Ich freute mich, daß ihr dieser schöne Auftrag nach ihrem unverschuldeten Mißgeschick bei Gumbinnen zuteil war. Abends war der Kommandierende General von Mackensen mit schwachen Teilen seines Korps in

Passenheim. Auch hier war die Lage wieder gemeistert. Ich war sicher, daß das Korps mit aller seiner Kraft am nächsten Tage nach vorwärts streben würde, um den weiten Ring zu schließen.

Auf dem Gefechtsstande von Frögenau, auf dem ich so Bedeutungvolles erlebte, war es wohl noch, daß wir die Nachricht erhielten, die Njemen-Armee habe sich jetzt in Marsch gesetzt. Den Erfolg der Schlacht konnte sie nicht mehr in Frage stellen. Immerhin wurde es nötig, darauf Bedacht zu nehmen, wie ihr entgegenzutreten sei, falls sie den Weitermarsch fortsetze, die abgedrängten beiden russischen Armeekorps, das I. und VI., nochmals angriffen, oder aber in weiterer Folge Verstärkungen aus Warschau bei Mlawa einträfen. Das waren Sorgen des morgigen Tages.

Heute zog mich das Herz noch zur kämpfenden Truppe. Ich wollte ihr, wie bei Lüttich einen Augenblick nahe sein, auch wenn ich bei ihr eigentlich nichts zu suchen hatte. Wir fuhren mit dem Kraftwagen von Frögenau nach Mühlen, wo die Landwehr angegriffen hatte. Es jagten uns aber Kolonnen und Trains entgegen, die Russen wären eingebrochen, sie folgten unmittelbar. Auch versprengte Landwehrleute näherten sich uns. Ich schüttelte den Kopf, hielt die Kolonnen an, dann die Landwehr. Dann kamen die Russen: es war eine große Zahl von Gefangenen! Die weitere Fahrt auf Mühlen gab ich auf, die Straßen waren von Gefangenen vollgestopft.

Das Hauptquartier kam nach Osterode. Dies Verlegen nach Norden war notwendig, um von hier aus die Anordnungen zur Weiterführung der Operationen gegen die Njemen-Armee zu geben, für die das XI. A.K. auf Allenstein, das G.K. auf Elbing in schneller Zugfolge im Anrollen war.

Für den 29. war Besonderes nicht anzuordnen. Das I. und XVII. A.K. wußten Bescheid. Das I. R. hatte sich scharf nach Süden zu wenden, das XX. A.K. zu verfolgen.

Der Obersten Heeresleitung meldete ich freudig einen großen Sieg. Diese Freude wurde zwar noch gedämpft, als ich später erfuhr, daß die 3. R. noch in der Nacht Schwedrich besetzt habe, ohne auf Deutsche Truppen in jener Gegend zu stoßen. Aber doch hoffte ich in meinem Innern, auf Grund der gegebenen Weisungen die Vernichtung des am 28. geschlagenen Feindes zu erreichen.

Der 29. und 30. 8. 1914

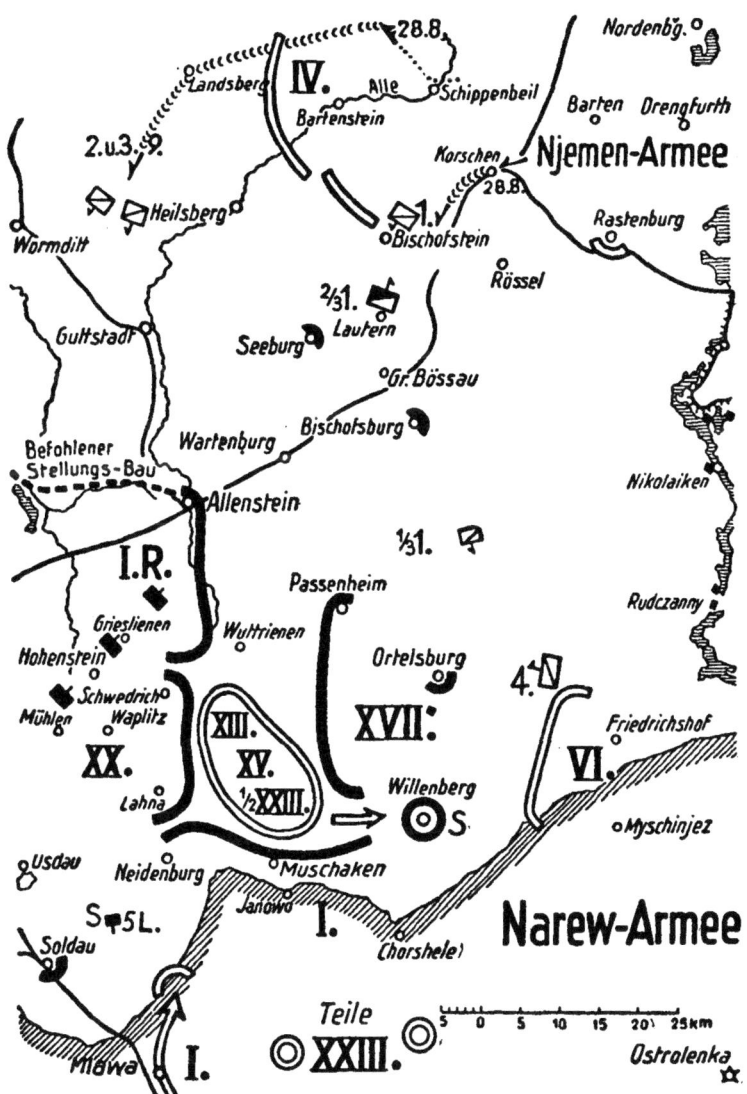

Skizze 5

Die Verfolgung blieb in der Nacht zum 29. und am 29. im Fluß. Das XVII. A.K. legte sich in großen Marschleistungen zwischen Passenheim und Willenberg, einem feindlichen Rückzug nach Osten vor. Die Abteilung v. Schmettau des XX. A.K. erreichte in gleichen Marschleistungen Willenberg. Die 1. I.D. des I. A.K. besetzte Muschaken. Die 2. I.D. sollte über Grünfließ vorgehen. Das I. A.K. sicherte sich zudem bei Neidenburg gegen Süden und stand in Verbindung mit der Landwehr bei Soldau. Im Anschluß an die 2. I.D. sollte weiter nördlich, wie am Tage vorher, die so schwer in Mitleidenschaft gezogene 41. I.D. die Verfolgung aufnehmen, weiter nördlich bis Hohenstein hin folgten die siegreichen Truppen nach Südosten. Daß namentlich die 3. R. in der Nacht schon weit vorgedrungen war, erfuhr ich erst später. Das I. R. war im Vormarsch auf Hohenstein und gleichzeitig von Allenstein in Marsch nach Süden. Der Ring war damit geschlossen.

Ich selbst war nach Hohenstein gefahren, das ich in hellen Flammen stehend fand. Auf dem Wege dorthin kam ich über das Gefechtsfeld der L.D. v. d. Goltz nördlich Hohenstein. Gefallene Landwehrleute zeigten mir den Ernst der Kämpfe, die Verwundeten waren bereits versorgt. In und bei Hohenstein drängten sich die Truppen des I. R. der L.D. v. d. Goltz und des XX. A.K. scharf ineinander. Südlich des Ortes standen Tausende von russischen Gefangenen. Ich entwirrte die Truppenkolonnen. In der Genugtuung des Sieges war der Groll gegen verschiedene Generale verflogen, denen ich jetzt bei Hohenstein Weisung für die Aufstellung der Truppen gab. Das I. R., die 37. I.D. und die L.D. v. d. Goltz wurden südwestlich Hohenstein und längs der Straße nach Allenstein mit der Front nach Nordosten zu einer Verwendung gegen die Njeinen-Armee zur Ruhe übergeführt. Ich freute mich, nach den anstrengenden Märschen und langen Kampftagen endlich der Truppe diese geben zu können. Auch die anderen Teile des verstärkten XX. A.K., soweit sie nicht mehr am Feinde waren, erhielten entsprechende Weisungen. So waren wieder Truppen in der Hand der Führung.

Der russische Rückzug richtete sich gegen die Linie Willenberg–Muschaken. Die Kampfkraft der 41. I.D. reichte nicht aus, um den vor ihrer Front vorbeiziehenden Feind aufzuhalten. Auch die Kampfkraft der 2. I.D. war so gering, daß sie nur langsam nördlich Neidenburg Gelände gewann. Die Russen stießen daher in Massen auf die 1. I.D., die Ab¬teilung v. Schmettau des XX. A.K. und das XVII. A.K. Es kam hier noch zu heftigen Kämpfen mit Russen, die zu entkommen suchten. Sie wurden aber daran verhindert. Etwa 2 ½ russische Armeekorps wurden eingeschlossen und mußten die Waffen strecken.

Um welche Massen von Gefangenen es sich eigentlich handelte, war mir zunächst nicht klar. Zuerst hatte ich der Obersten Heeresleitung etwa 30 000 Mann gemeldet, dann stieg die Zahl auf etwa 92 000. Diese Massen mußten für die hier stehenden Deutschen Truppen, die in ihrem Rücken von den abgedrängten russischen bedroht waren, schwer zu entwaffnen, zu versorgen und gefangen zu halten sein.

Am 30. griffen nun die abgedrängten Truppen allerdings mit verminderter Kampfkraft und Kampffreudigkeit an. Die Deutschen Führer und Truppen hatten indes Gelegenheit, sich in freudiger Entschlußkraft in Abwehr und im Angriff zu betätigen. Die russischen Angriffe hatten keinen Erfolg. Der Feind wich zurück.

Auf der gesamten Deutschen Kampffront trat nun im Laufe des Nachmittags des 30. und der Nacht zum 30. Ruhe ein.

Der russische Angriff auf das I. A.K. war für mich der Anlaß, diesem schleunigst Truppen zur Unterstützung zu senden und darunter namentlich die Landwehr, die bei Fortsetzung der Operation gegen die Njemen-Armee die Deckung der Armee in südlicher Richtung und den Schutz der Grenzen übernehmen sollten.

In der angespannten Lage, namentlich auch bei der österreichisch-ungarischen Armee in Galizien, die nach Hilfe rief, hatte ich unverzüglich für die Weiterführung der Operation durch die Seen-Sperren bei der kleinen Feste Lötzen, dessen Kommandant, so gut wie er mit seinen schwachen Kräften konnte, ge-

76

gen die vorbeimarschierenden Russen gewirkt hatte, und weiter nordwärts bis an den Pregel zu sorgen. Entsprechend zog sich die Njemen-Armee nach dem Ausgang der Schlacht bei Tannenberg zurück. Die durch den Kampf durcheinandergekommenen Truppen mußte ich auch auf dem Südteile des Schlachtfeldes entwirren und ihnen, wie dem XVII. A.K., die richtige Front geben. Es waren auch den Truppen wieder ihre Verpflegung- und Munitionkolonnen zuzuführen, so namentlich dem XVII. A.K. und I. R., deren Kolonnen bei ihrem Vormarsch in südwestlicher Richtung weit in die Gegend nordwestlich Allenstein abgeschoben waren. Ich hatte aber auch für die Wiederherstellung der Kampfkraft der Truppen durch Zuführung von Ersatz, Verpflegung und Munition zu sorgen und an die Verwundeten zu denken. Eine Fahrt am 31. über das Schlachtfeld bis nach Waplitz und Neidenburg hatte mir gezeigt, wie dringend notwendig es sei, das Schlachtfeld aufzuräumen und die gefallenen toten Helden, Deutsche wie Russen, zu bestatten. – Unter den toten Russen befand sich auch, wie ich erst später erfuhr, der Oberbefehlshaber der Narew-Armee, General Samsonow. Er hatte unweit Willenberg im Walde den Freitod gewählt. Als ich 1915 in jene Gegend kam, um an einem Angriff auf Prasnysch teilzunehmen, besuchte ich das einsam an dem Walde liegende Grab. Ein Förster hatte den gefallenen General bestattet und ihm ein Medaillon mit einem Damenbildnis abgenommen. Dieses Medaillon kam durch die Gefangenenhilfe nach Rußland. Als Träger des Medaillons war General Samsonow ermittelt. Seine Gattin erhielt Erlaubnis, die sterblichen Überreste nach Rußland zurückzuführen. – Es galt für den Abtransport der 92 000 Gefangenen und für den Verbleib von 350 erbeuteten Geschützen, von Tausenden von Pferden, die zum Teil wild herumirrten, und von ungeheurem Kriegsgerät aller Art zu sorgen. Es war hier für mich eine besondere Genugtuung, den Deutschen Truppen, namentlich den Reserve- und Landwehrtruppen aus dem erbeuteten Kriegsmaterial eine verbesserte Ausrüstung, so auch an Feldküchen und sonstigem Kriegsgerät zu geben, wofür ich ja schon im Frieden so beharrlich gekämpft hatte. Meine Arbeitkraft und Gedanken hatten die verschiedenartigsten Betätigunggebiete.

Wenn ich in „Meine Kriegserinnerungen" geschrieben habe: „Ich hatte keine Zeit, mich zu entspannen", so war das richtig.

Das Hauptquartier wurde bald von Osterode nach Allenstein verlegt. Hier trafen nun auch, während die Truppen des G.R. in Elbing ausgeladen wurden, die ersten Transporte des XI. A.K. zu dem bevorstehenden Vormarsch gegen die Njemen-Armee ein, der in den ersten Tagen des Septembers begann. Die Truppen marschierten durch die Straßen Allensteins. Ergriffen lauschte ich dem Hohenfriedberger Marsch, den ich im Frieden so gern und oft gehört hatte und nun wieder nach Abschluß einer so gewaltigen Kriegshandlung, wie es die Schlacht von Tannenberg ist, erklingen hörte. Doch das kann vielleicht nur der nachfühlen, dem der Krieg und die Schlacht ein so ungeheures, tief bewegendes Erlebnis waren, wie mir. Wußte ich doch annähernd, um was es ging, wenn ich auch so Furchtbares nicht erträumte, wie wir erleben sollten und erleben.

Der Sieg war errungen. Solch kühnes Handeln, das die Kriegslage vollständig umgestaltet, hatte den Feind, dem man heute Vorwürfe macht, die Lage nicht erkennen lassen. Er hatte dem eben erst besiegten und schwer bedrängten Deutschen rasches Handeln, entschlossenen Durchbruch und kühne Umfassung sicher nicht zugetraut. Er war zunächst ja Sieger. Solche Unwägbarkeiten, die zu Wägbarkeiten werden, hatte ich mit in meine strategischen Entschließungen eingestellt. Ich empfand den Segen, der darin lag, daß die Schlacht ausschließlich und einheitlich nach meinen Entschlüssen geschlagen war, der Oberbefehlshaber hatte mir ihre Gestaltung im großen wie im kleinen voll überlassen. So blieb es bis zum 26.1o.1918.

In Siegesfreude urteilte ich in „Meine Kriegserinnerungen" über die Schlacht: „Durchbruch und Umfassung, kühner Siegeswille und einsichtige Beschränkung hatten diesen Sieg zuwege gebracht; trotz unserer Unterlegenheit im Osten war es gelungen, auf dem Schlachtfelde den feindlichen annähernd gleichstarke Kräfte zu vereinigen."

Auch der Schlußsatz ist richtig, wir waren indes in der Schlacht den Russen trotz allen Bemühens noch an Zahl unterlegen. Nach der Zusammenstellung des Reichsarchivs verfügte die russische Njemen- und Narew-Armee mit den Truppen bei Warschau über:

433 Batl.   = 430 000 Gewehre
+ 331 Schwadr. = 55000 Karabiner
_____
485 000 Gewehre und Karabiner
976 M.G.   1620 Geschütze

Die Deutsche 8. Armee ohne die Sicherheitbesatzung der Festungen über:

170 Batl.   = 161 000 Gewehre
+ 82 Schwadr.   =14 000 Karabiner
_____
175 000 Gewehre und Karabiner
324 M.G.   794 Geschütze

An der Schlacht nahmen teil:

Deutsche

Infanterie: 153 Batl.   = 144 000
Kavallerie: 58 Schwadr. = 9000
_____
Zusammen: 153 000

Maschinengewehre: 296
Geschütze: 738

Russen

Infanterie: 175 Batl.   = 175 000
Kavallerie: 99 Schwadr. = 16 000
_____
Zusammen: 191 000

Maschinengewehre :   384
Geschütze: 612

Nicht dieses Zahlenverhältnis ist für mich die einzige Genugtuung echter Feldherrnkunst, sondern diese besteht darin, daß gegenüber den 92 000 Gefangenen und – nach Angabe des Reichsarchivs – 50 000 Toten der Russen der Verlust der Deutschen
8. Armee in den Schlachttagen von Tannenberg sich auf nur 12
000 Mann beläuft, wovon höchstens 5 000 als gefallen, 7 000 dagegen als verwundet anzusprechen sind, die nach Heilung dem
Heere und dem Volke erhalten wurden.

Das Reichsarchiv urteilt über die Schlacht: „Nach Leipzig,
Metz und Sedan steht Tannenberg als die größte Einkreisungs-
schlacht da, die die Weltgeschichte kennt. Sie wurde im Gegensatz zu diesen gegen einen an Zahl überlegenen Feind geschlagen, während gleichzeitig beide Flanken von weiter Übermacht
bedroht waren. Die Kriegsgeschichte hat kein Beispiel einer
ähnlichen Leistung aufzuweisen – bei Cannae fehlte die Rü-
ckenbedrohung.“

Leipzig 16.–19.Oktober 1813: 276 000 Verbündete schlugen
150 000 Franzosen, wagten aber gegen Napoleon nicht das Letzte: sie ließen dem Rest seiner Armee den Rückweg nach Westen
frei. – Metz, 14. bis 18. August 1870: 240 000 Deutsche schlugen
200 000 Franzosen und schlossen sie in der Festung ein. – Sedan, 1 .September 1870: 188 000 Deutsche schlugen 12o ooo
Franzosen, schlossen sie ein und zwangen sie tags darauf zur
Übergabe.

Cannae war jene Schlacht, in welcher der große karthagische Feldherr und Staatsmann Hannibal, der, später von seiner
Heimat im Stich gelassen wurde und von seinen undankbaren
Landsleuten ausgewiesen, in fremdem Lande, verfolgt von Rö-
mern, den Freitod wählte, im Jahre 216 vor Beginn unserer Zeit-
rechnung diese vernichtend geschlagen hat. (Das seelisch so ver-
kommene karthagische Volk wurde alsdann die Beute Roms!)

Cannae ist durch den Grafen v. Schlieffen die Bezeichnung
der Vernichtungsschlacht durch Angriff in Front, Flanke und
Rücken des Feindes geworden. Das Cannae-Tannenberg war geschlagen. Stolz können alle beteiligten Führer und Truppen, ja
das ganze Deutsche Volk auf diese Tat blicken.

Die Schlacht von Cannae hat eine weltgeschichtliche Umge-
staltung nicht herbeigeführt, nur Soldaten beschäftigen sich mit

ihr. Möge das nicht auch das Schicksal der Schlacht von Tannenberg werden. Möge sie die Bedeutung erhalten, die ich ihr gebe, als Verhüter der Zermalmung des Deutschen Volkes am Anfänge Deutschen Rasseerwachens und Deutschen Gotterkenntnis – ich weise hier ausdrücklich auf die religionphilosophischen Werke meiner Frau als auf die Grundlage Deutscher Gotterkenntnis hin, die sie uns gab –, und damit Deutscher Volksschöpfung, der Entfaltung neuer Deutscher Kraft, zu stehen.

Den Deutschen aber sage ich in so ernster Stunde: Erkennt ehe es zu spät ist, daß dieselben geheimen Feinde, die überstaatlichen Mächte, deren Pläne ich bei Tannenberg zunichte machte, weiter in gewaltigem Kampfe abgewehrt werden müssen. Ich führe diesen Abwehrkampf seit 7 Jahren, enthülle unablässig die Kampfesweise dieser Gegner, greife sie an ihrer schwachen Stelle, der Wahrheit, an und zeige, daß das Christentum eines ihrer wichtigsten Hilfemittel ist, uns unter ihre Gewaltherrschaft im Jahwehreiche zu zwingen. Wenn das Deutsche Volk nicht in seiner Gesamtheit an diesem Abwehrkampf teilnimmt, wenn auch nur ein Teil – wie in jener Schlacht ein oder das andere A.K. – nicht das Ziel erreicht, das ich ihm setze, so wird der Sieg wie damals gefährdet sein.

Es liegt am Volke, dies zu erkennen, den Bann zu brechen, Deutsche Kräfte zu entfalten und der Schlacht von Tannenberg die weltgeschichtliche Bedeutung zu erhalten, die sie hat.

Editorische Notiz: Zur Erreichung eines schönen typographischen Bildes wurden in dieser Festausgabe die Anmerkungen, die in der Originalausgabe als Fußnoten stehen, in den Text eingefügt. Sie sind durch Klammern oder Gedankenstriche kenntlich gemacht.